# 写自媒体

## 从基本功到实战方法

—— 迈出下班后赚钱的坚实一步 ——

余老诗 ◎ 著

清华大学出版社

北 京

## 内 容 简 介

为了帮助众多初学自媒体写作的读者和学生更快地掌握写作基本功与自媒体写作基本规律，实现通过自媒体平台满足表达欲望，以及实现下班后价值提升和个人创业，本书全面讲述了写作一篇文章所必备的基础知识、方法和技能，生动阐述了新媒体写作的基本属性与特点、新媒体写作的基本规律、初学者的写作开启模式、新媒体写作底层逻辑和新媒体写作的进阶等内容。这些内容分别对应了自媒体写作初学者的写作基本功训练、自媒体认识和自媒体写作进阶等方面的痛点和需求点。从原理、方法、技巧等层面讲述自媒体写作的基本功，结合具体案例讲解，让初学者水到渠成地掌握自媒体写作。

本书突出案例讲解和技巧分析，对写作方法的阐述深入浅出且技能实用，是初学自媒体写作者的入门必备读物，也是自媒体写作进阶的自修指南，更是简书、今日头条、微信公众号写作爱好者的首选读物。

本书封面贴有清华大学出版社防伪标签，无标签者不得销售
版权所有，侵权必究。侵权举报电话：010-62782989 13701121933

图书在版编目（CIP）数据

 自媒体写作，从基本功到实战方法：迈出下班后赚钱的坚实一步！/余老诗著. —北京：清华大学出版社，2018
 ISBN 978-7-302-50848-9

Ⅰ. ①自… Ⅱ. ①余… Ⅲ. ①传播媒介–文书–写作 Ⅳ. ① G206.2

中国版本图书馆 CIP 数据核字（2018）第 179151 号

**责任编辑：** 刘志彬
**封面设计：** 汉风唐韵
**责任校对：** 王荣静
**责任印制：** 李红英

出版发行：清华大学出版社
  网　　址：http://www.tup.com.cn，http://www.wpbook.com
  地　　址：北京清华大学学研大厦A座　邮　编：100084
  社 总 机：010-62770175　邮　购：010-62786544
  投稿与读者服务：010-62776969，c-service@tup.tsinghua.edu.cn
  质量反馈：010-62772015，zhiliang@tup.tsinghua.edu.cn
印 装 者：三河市铭诚印务有限公司
经　　销：全国新华书店
开　　本：148mm×210mm　印　张：13　字　数：209 千字
版　　次：2018 年 9 月第 1 版　印　次：2018 年 9 月第 1 次印刷
定　　价：59.00 元

产品编号：080329-01

# 前言

在冬日的艳阳里,即将迎来又一个新年。

新媒体或许不是什么新鲜事儿了。但自媒体写作的方法探讨与学习却还在路上。

自2013年以来,随着信息技术的发展和移动互联网的普及,自媒体逐渐成为大众视野里不可或缺的文化阵地。越来越多的普通大众可以通过智能手机这样的设备阅读自媒体文章,获得信息、知识和休闲;同时,越来越多的自媒体作者涌现出来,他们希望通过自媒体平台满足自我表达欲望,以及通过写作实现下班后价值提升和个人创业。在众多的自媒体作者中,大批写作基础薄弱甚至零基础的朋友苦于找不到通俗易懂的自媒体写作类图书,也有大量已经在自媒体写作路上的朋友苦于无人指点自媒体写作的迷津,他们希望能读到自媒体写作类图书以排忧难，以解困惑。可以说，这两者的需求巨大。鉴于此，笔者通过 2016 年、2017 年两年的实践摸索，总结出一套适合初学自媒体写作的朋友阅读和参考的写作技巧与方法。从原理、方法、技巧等层面讲述自媒体写作的基本功，结合具体案例的讲解，让初学者逐步掌握自媒体写作。

希望通过本书的阅读，开启您自媒体写作的大门，并逐渐登堂入室，成为为自己代言的时代新宠儿，享受新媒体写作带给我们的各种成就感和"福利"。

## 本书特色

### 1. 观点阐述与案例讲解相结合，符合初学者的认知规律

本书内容涵盖了写作基本功、对新媒体的认识、新媒体热文产生与传播规律、阅读与写作、与读者的互动和新媒体写作进阶等所需掌握的知识，内容上注重方法和技巧的实用性、可操作性。必须掌握的细节处绝不吝惜笔墨，手把手教导，细致到句子的具体写法。从基本功到实践操作，从原理到方法和技巧，从现象分析到本质提炼，由浅入深、循序渐进，遵循和尊重了初学者对自媒体写作知识的认知规律。

**2. 写作知识和新媒体特点相结合，特别适合自学自媒体写作者阅读**

本书介绍的写作知识和写作方法都特别注重放在新媒体的语境和生态体系中加以讲解，避免两者互相脱离。在例文的选择上，主要从简书、微信公众号、今日头条等众所周知的新媒体平台上择优挑选，让读者觉得案例仿佛就在自己的身边，有一种天然的亲切感。在阐述新媒体传播规律时，多从读者阅读心理、媒体平台特点等角度娓娓道来，使广大读者自然而然知晓新媒体的特性，从而对自媒体写作获得深入的理解。

**3. 恰当运用图表，将抽象的道理直观化、形象化**

本书运用了大量图表，极大地降低了写作方法和新媒体规律的理解难度。在使抽象道理直观化、形象化的同时，图表的运用也可使阅读者印象深刻，便于记忆。同时，初学写作的朋友可以把这些图表以恰当方式收藏起来，作为写作时的工具，随时对照，随时取用，让知识的学习和运用更便捷、更高效。这些图表高度浓缩了文章内容，有着以一当十的作用。

## 本书内容

第1章 磨刀不误砍柴工：写作大咖"不教"的基本功

本章从原理、方法、技巧等不同层面，讲述了标题、句子、段落、篇章、开头、中间和结尾的写作方法与技巧。结合具体的案例，深入浅出地阐述了如何构思和写好一篇文章。让读者不仅在认识上较为全面地把握一篇文章的重要组成部分，而且能从具体的自媒体例文中体会和模仿具体的操作步骤与过程。

第 2 章　在互联网码字就是新媒体写作吗

本章主要介绍新媒体写作的属性与特征，从分享、传播、互动、影响力等角度讲述新媒体的特点与属性；分析了新媒体写作在打造个人品牌、助力个人增值等方面的优势和积极作用；在此基础上，条分缕析地阐述如何让自己的写作成为真正意义上的新媒体写作，提出相对于"互联网+"的"写作+"概念，帮助读者有效建立新媒体写作概念。

第 3 章　把好方向盘：你的自媒体写作走对高速路了吗

本章引领读者领略定位思维的魅力。手把手领着读者通过自我分析和画图的方式寻找自身优势，接着结合读者需求和市场趋势，阐述了如何给自己的自媒体写作定位；又从写作变现的角度帮助读者进一步理解写作的定位问题。为了让读者有一个明确而细致的参考，本章指出了书评写作、大咖推介文、知识干货文的写作有助于获得成就感。学习本章后，读者应有意识地培养自己的定位思维习惯，强化对自媒体写作的理解。

第4章　不会写作不用怕，你可以从零开始

本章站在零基础自媒体写作者的角度，换位思考，提出了用"聊天模式"开启写作之路，并推介适合初学者的有关读物，介绍这些写作类书籍的脉络与框架，梳理重要知识点，帮助零基础写作者尽快弥补自己的不足。同时，结合生活工作较为详细地介绍了积累素材的方法和路径，并以自身素材积累为案例，阐述具体的操作步骤。学习本章后，读者可有效树立素材积累意识，养成积累素材的好习惯，避免打无准备之"仗"。

第5章　这5项，让你的新媒体写作核心能力得到提高

本章聚焦自媒体写作的五大核心能力：寻找话题、提炼主题、提升体验感、提升价值感、读者意见收集与写作优化。以幽默流畅的文笔娓娓道来，让读者逐一明白如何从写作领域中寻找写作话题，如何从自我、读者和"天地"的角度提炼文章主题，如何给文章配图以提升阅读体验感，如何从读者需求心理方面提升文章价值感，以及如何做好读者意见收集和写作的优化。读者阅读本章内容，要多结合写作实践才能有所体会和提高。

第6章　以读促写有窍门，关键是打通

都说阅读是输入，写作是输出。本章内容着眼于为了写作的阅读，同时也讲述了写作可以倒逼阅读提升的道理。重点剖析了初学者适合读哪些书，如何高效读书等问题，并在此基础上提出了"读写模式"，让读者能真正把阅读和写作有效结合，让写作成为有源之水。学习本章内容，读者要有意识地思考自身阅读和写作的相互关系，并在实际操作中将两者有机结合。

第7章　掌握这3条，你也可以写出互联网爆款文

但凡自媒体写作者，没有不希望自己的文章广为传播，成为爆款文的。本章主要讲述文章被疯狂转发的4条研究结论，分析了作者用心良苦读者却冷冰冰的原因，同时指出了情感文章和干货类文章如何写到读者心里去的原理和方法。同理，这一章的学习，读者也应当结合自身写作实际，不断加深领悟，在实践中掌握方法和技巧。

第8章　揭开层层面纱，我们来看看新媒体写作的庐山真面目

本章内容介绍了新媒体写作的底层规律，内容包括全民阅读和碎片化阅读的时代背景，互联网热文的阅读心理分析和新媒体写作的四要素，以及如何学习这些底层规律的方法简介。这章内容的学习将有助于读者从互

联网生态和读者心理的角度，从根本上理解新媒体写作、传播、阅读和反馈等运行原理。读者要尝试从跨学科的角度深入理解底层逻辑，使之能够促进自身的自媒体写作。

第9章　新媒体写作进阶之路

本章内容主要阐述自媒体写作入门之后如何进阶的问题。具体谈了如何借助自媒体写作打造个人品牌和在自媒体写作道路上可能遇到的若干个问题。如何打造个人品牌的相关内容，将有助于读者进一步理解"定位"。同理，这一章的学习适宜在写作实践一段时间之后进行。所谓"操千曲而后晓声"说的就是这个道理。

第10章　自媒体写作例文自选

本章内容主要精选了笔者在简书、今日头条、微信公众号等媒体平台上的文章，范围主要涉及书评、谈写作和散文等。读者在阅读本章内容时，可结合第一章写作基本功和其后几章的相关内容，深入体会和理解写作原理、方法和技巧。

## 本书读者对象

- 写作初学者和爱好者
- 企事业单位新入职的新媒体岗位文字人员和编辑
- 从事自媒体创业的写作者

- 传媒和新媒体相关专业的大中专院校学生
- 遇到自媒体写作"瓶颈"的人员
- 其他对自媒体写作有兴趣爱好的各类人员

因受作者水平和成书时间所限,本书难免存有疏漏和不当之处,敬请广大读者朋友批评指正,联系方式:个人微信 CGNYYT991;QQ 380768973。

作 者

2018 年 3 月

# 目录

## 第 1 章 磨刀不误砍柴工：写作大咖"不教"的基本功

1.1 写出好标题，你就成功了一半 \ 003

    1.1.1 好标题的特征 \ 003

    1.1.2 写出好标题的方法 \ 007

    1.1.3 写出好标题的技巧 \ 009

1.2 写出好句子，文章处处精彩 \ 012

    1.2.1 如何判断好句子 \ 012

1.2.2 写出好句子的方法 \ 014

1.2.3 写出好句子的技巧 \ 016

1.3 写出好段落,离好文章还会远吗 \ 022

1.3.1 好段落的特征 \ 022

1.3.2 写出一个好段落的方法 \ 025

1.3.3 写出好段落的 2 个技巧 \ 027

1.4 构思好篇章,你的结构思考力也提高了 \ 034

1.4.1 写好篇章的原理 \ 034

1.4.2 组织好篇章的方法 \ 038

1.4.3 组织好篇章的技巧 \ 042

1.5 好的开头,让读者欲罢不能 \ 051

1.5.1 好开头的作用 \ 051

1.5.2 写好开头的方法 \ 053

1.5.3 写好开头的技巧 \ 055

1.6 中间这样展开,丰富又多彩 \ 062

1.6.1 文章中间展开的逻辑 \ 063

1.6.2 文章中间展开的方法 \ 066

1.6.3 文章中间展开的技巧 \ 069

1.7 写好结尾 \ 072

    1.7.1 好结尾的效果 \ 072

    1.7.2 写出好结尾的方法 \ 074

    1.7.3 写出好结尾的技巧 \ 077

## 第 2 章 在互联网码字就是新媒体写作吗

2.1 什么是新媒体写作 \ 084

    2.1.1 有没有形成分享、传播 \ 085

    2.1.2 有没有形成良好互动 \ 086

    2.1.3 有没有形成一定影响力 \ 088

    2.1.4 如何让互联网码字成为新媒体写作 \ 091

2.2 从"互联网+"到"写作+" \ 094

    2.2.1 为什么提出从"互联网+"到"写作+" \ 094

    2.2.2 "写作+"会带给我们什么 \ 095

    2.2.3 面临"写作+",我们该做些什么 \ 097

# 第3章 把好方向盘：你的自媒体写作走对高速路了吗

3.1 我的新媒体写作优势在哪里 \ 100

    3.1.1 跳出自己的世界看自己 \ 102

    3.1.2 走进读者的世界看读者 \ 102

    3.1.3 站在自己和读者之间找交叉 \ 103

3.2 如何结合读者需求确定自己的写作方向和定位 \ 104

    3.2.1 写作，是一种不可能的可能 \ 104

    3.2.2 定位，给你一个紧箍咒 \ 105

    3.2.3 画出"我能写"和"我要看"的交集 \ 109

    3.2.4 画出5个圈，找到你的优势 \ 110

    3.2.5 借助简书专栏，精确定位 \ 111

3.3 如何获得持续写作的动力 \ 113

    3.3.1 写重要书籍的书评 \ 113

    3.3.2 写重要知识干货文 \ 115

3.3.3 写重要大咖的推介文 \ 117

3.4 不明白正确变现，你就不能深刻理解自媒体写作的定位问题 \ 119

3.4.1 对自身的资源优势做分析 \ 123

3.4.2 自身优势资源能转化为别人的现实价值 \ 123

# 第4章 不会写作不用怕，你可以从零开始

4.1 如何用聊天模式开启零基础写作 \ 126

4.1.1 亲，我来了 \ 126

4.1.2 哥俩好姐妹好 \ 127

4.1.3 写作是不是也能这样啊？就像聊天一样 \ 128

4.1.4 小结一下 \ 131

4.2 初学写作，怎样找到适合自己的读物 \ 132

4.2.1 有本书，是专业而系统的写作知识大本营 \ 134

4.2.2 什么是文章 \ 134

- 4.2.3 写作有哪些基本规律 \ 135
- 4.2.4 写作过程有哪些重要环节 \ 136
- 4.2.5 不同类型的文章有哪些，分别如何写作 \ 138
- 4.2.6 该书适合什么样的人看 \ 139
- 4.2.7 《写作吧！你值得被看见》——通俗易懂的写作技能"武器库" \ 139
- 4.2.8 谈到了哪 40 个技能 \ 140
- 4.2.9 如何读这本书 \ 142
- 4.2.10 如何运用这些技能 \ 143

4.3 如何从自己的生活、工作和学习中找到有价值的写作素材 \ 145
- 4.3.1 素材积累的两种情形 \ 145
- 4.3.2 根据主题类别，积累有价值的素材 \ 146
- 4.3.3 总结 \ 150

# 第 5 章 这 5 项，让你的新媒体写作核心能力杠杠滴

5.1 找不到写作话题怎么办 \ 152

    5.1.1 先给文章分类 \ 154

    5.1.2 从纵横两个方向去寻找自己文章中派生出来的话题 \ 154

    5.1.3 小结 \ 157

5.2 怎样提炼文章主题 \ 158

    5.2.1 如何见自己 \ 159

    5.2.2 如何见天地 \ 160

    5.2.3 如何见众生 \ 160

5.3 如何提升自媒体写作成果的体验感 \ 162

    5.3.1 用好"形象化"思维是基本原理 \ 163

    5.3.2 三种技巧对应三类文章 \ 164

    5.3.3 总结一下 \ 172

5.4 文章被点赞、打赏的原因 \ 173

    5.4.1 哇——新鲜感 \ 174

    5.4.2 嗯——认同感 \ 175

5.4.3 哈——喜悦感 \ 177

5.4.4 哦——价值感 \ 179

5.5 如何根据读者意见优化自媒体写作 \ 181

5.5.1 "听"读者的声音 \ 181

5.5.2 "听"自己的声音 \ 185

5.5.3 总结 \ 186

## 第 6 章 以读促写有窍门，关键是打通

6.1 怎样做到简便易行的高效读书并持续输出 \ 188

6.1.1 看哪些书 \ 189

6.1.2 怎么高效看书 \ 192

6.1.3 怎样看书才能提高写作 \ 194

6.2 启动"读写模式"，让读书促进写作 \ 198

6.2.1 什么叫"读写模式" \ 198

6.2.2 "读写模式"操作步骤 \ 199

6.2.3 "读写模式"适合人群 \ 201

# 第 7 章 掌握这 3 条，你也可以写出互联网爆款文

7.1 如何把情感类文章写到读者心里去 \ 204

    7.1.1 情感类文章靠什么打动读者 \ 206

    7.1.2 先说说内功心法 \ 207

    7.1.3 再说说具体的技巧 \ 209

    7.1.4 总结如下 \ 210

7.2 如何写好干货类文章 \ 211

    7.2.1 这个时代为什么需要干货文 \ 211

    7.2.2 什么样的干货文才是上等好货 \ 213

    7.2.3 怎样写出上等干货文 \ 214

7.3 这 4 条研究结论告诉你疯狂转发的原因 \ 217

    7.3.1 包含研究结论以及强观点的内容 \ 218

7.3.2 不是短文，而是长文更容易被分享 \ 218

7.3.3 引发用户情绪变化 \ 219

7.3.4 有影响力的内容 \ 220

7.4 为啥你的文案苦口婆心，换来的却是冷冰冰 \ 222

7.4.1 用户对你文案内容的认知起点在哪里 \ 223

7.4.2 你的文案要传达几个信息点 \ 223

7.4.3 你的文案在哪里发布和传播 \ 224

## 第 8 章 揭开层层面纱，我们来看看新媒体写作的庐山真面目

8.1 全民阅读和碎片化阅读 \ 228

8.1.1 阅读环境的变化 \ 230

8.1.2 阅读书籍的选择 \ 230

8.1.3 阅读方法的选择 \ 231

8.2 互联网热点文章阅读心理分析 \ 233

8.2.1 分享有价值或娱乐性内容给他人 \ 233

8.2.2 定位和展示自我形象 \ 234

8.2.3 维护关系 \ 235

8.2.4 自我实现 \ 235

8.3 新媒体时代写作活动底层规律与新四要素 \ 237

8.3.1 什么叫底层规律 \ 238

8.3.2 为什么要学习底层规律 \ 239

8.3.3 新媒体写作的底层规律主要有哪些内容 \ 241

8.3.4 如何学习这些底层规律 \ 245

8.3.5 总结一下 \ 246

# 第9章 新媒体写作进阶之路

9.1 如何写出热文——新媒体写作的"连环套路" \ 248

9.1.1 图、文、题、材、表；时、热、境、粉、知 \ 249

9.1.2 重点做好题、图、材 \ 251

9.1.3 站在巨人的肩膀上 \ 251

9.1.4 小结 \ 252

9.2 阅读量 10 万 + 的自媒体文,写作、分享和传播背后的 3 个秘密 \ 253

9.2.1 爆款基因 \ 254

9.2.2 有效分享 \ 255

9.2.3 倍增传播 \ 257

9.2.4 小结 \ 258

9.3 怎样借助自媒体写作打造个人品牌 \ 259

9.3.1 个人优势分析,选准定位 \ 259

9.3.2 根据定位,选对平台 \ 262

9.3.3 高效学习,持续输出 \ 263

9.3.4 开发渠道,树立品牌 \ 265

9.3.5 借助外力,有效运营 \ 267

9.4 解决自媒体写作常见 5 个问题,这几张图就够了 \ 269

9.4.1 先来看看这 5 个问题是什么 \ 269

9.4.2 这 5 个问题如何有效解决 \ 270

- 9.4.3 干货文章如何更有条理 \ 273
- 9.4.4 阅读量不高，通常是由哪些原因造成 \ 274
- 9.4.5 自己写得很满意，他人不爱看怎么办 \ 276

9.5 自媒体写作常见 5 个问题如何有效解决 \ 278

- 9.5.1 5 个问题是什么 \ 278
- 9.5.2 5 个问题如何有效解决 \ 279
- 9.5.3 找到修改自媒体写作定位的几个依据 \ 281
- 9.5.4 阅读量、转发量、收藏量，该如何分析 \ 284
- 9.5.5 文章的细节不给力该怎么办 \ 286

9.6 不理解内容创业，自媒体写作如何坚持下去 \ 288

- 9.6.1 我们与世界的联系，发生了什么变化 \ 290
- 9.6.2 内容创业不是赶时髦，而是选择一种生命模式 \ 291

9.6.3 做自媒体需要有一颗匠心 \ 291

9.7 自媒体写作的10个坑：为什么10万+总是别人的 \ 293

9.7.1 自娱自乐，还自得其乐 \ 293

9.7.2 缺乏定位，还孜孜不倦 \ 294

9.7.3 选错平台，还任劳任怨 \ 294

9.7.4 为人作嫁，还津津乐道 \ 295

9.7.5 用错文体，还执迷不悟 \ 295

9.7.6 不明目的，还洋洋洒洒 \ 296

9.7.7 没有焦点，还不断学习 \ 296

9.7.8 人云亦云，还自以为是 \ 297

9.7.9 缺乏沟通，还一竿到底 \ 297

9.7.10 漠视体验，还一头雾水 \ 297

## 第10章 自媒体写作例文自选

10.1 为什么你每天忙着"精进"，却还是个低品质勤奋者 \ 300

10.1.1 中了"浮浅"的招，还以为自己是肤浅 \ 301

- 10.1.2 《深度工作》谁写的 \ 302
- 10.1.3 哪些牛人在"深度工作" \ 303
- 10.1.4 深度工作是个什么玩意儿 \ 305
- 10.1.5 怎么做到深度工作 \ 307
- 10.1.6 写到这里,我们可以用一张图对深度工作做一个总结 \ 313

10.2 这3个价值思考,成就你的工作 \ 315
- 10.2.1 你的职场价值在哪里 \ 316
- 10.2.2 职业规划的关键是发现自我价值 \ 317
- 10.3.3 以目标为导向实现工作价值 \ 318

10.3 一张图告诉你读后感和书评的区别 \ 319
- 10.3.1 相同之处 \ 320
- 10.3.2 相异之处 \ 323

10.3.3 如何写好书评 \ 325
10.4 写作课交流，五问五答 \ 327
　　10.4.1 可以不考虑写作的方向和定位吗 \ 327
　　10.4.2 如何学习，才能有效提高 \ 330
　　10.4.3 如果实在写不出来，怎么办 \ 331
　　10.4.4 没有时间听课怎么办 \ 332
　　10.4.5 觉得自己写得不够好，不敢投稿，怎么办 \ 334
10.5 不止于小说——《畅销作家写作全技巧》解读 \ 337
　　10.5.1 本书概况 \ 339
　　10.5.2 我眼中的"干货" \ 340
10.6 做到这3点，你也能把小说人物写活 \ 349
　　10.6.1 人物性格跟随情节发展适时变化 \ 350
　　10.6.2 人物细节描写追求艺术真实 \ 351

10.6.3　人物每一次出场有充分理由 \ 353
10.7　故事思维，是怎样让你的写作打动人心的 \ 355
　　　10.7.1　什么是故事思维 \ 356
　　　10.7.2　如何在写作中运用故事思维 \ 357
10.8　明白《完全写作指南》的3个漏洞，就能理解写作的精髓 \ 364
　　　10.8.1　漏洞一：把写作等于非虚构类写作 \ 369
　　　10.8.2　漏洞二：把写作约等于"制作" \ 369
　　　10.8.3　漏洞三：把写作约等于"无情" \ 370
10.9　这些年来，我常读这3本书 \ 373
　　　10.9.1　《逻辑要义》\ 374
　　　10.9.2　《宋词选》\ 376
　　　10.9.3　《文学理论》\ 378
10.10　一个句子，串起五种表达方式 \ 380
10.11　你说话有多舒服，文章就有多美丽 \ 383

10.11.1 让"老奶奶也能听懂" \ 384

10.11.2 喜听"好话",是人的天性 \ 385

10.11.3 说话、写文章是一门学问,也是一门艺术 \ 386

第 1 章

# 磨刀不误砍柴工：写作大咖"不教"的基本功

chapter 1 <<<

有人说，这是个最好的时代，也是个最坏的时代。说它最好，是因为随着信息技术的发展，手机类智能终端的普及，以及社会生活整体水平的提高，人人都有机会做最好的自己。

知识改变命运。在这个时代，越来越多的个体可以依靠知识带来财富和命运的改变。毋庸置疑，写作在今天的魅力和作用不言而喻。一直特立独行的猫、胡辛束和 Spenser 等一大批自媒体写作达人，都依靠写作实现了自己在财富和人生方面的理想。我们要向他们学习。在拿起笔写作之前，咱们还得先打磨好自己的基本功。所谓养兵千日，用兵一时。基本功越扎实，就越能在自媒体写作中走得潇洒自如。

## 1.1 写出好标题，你就成功了一半

要写好标题，非常考验一个人的功力。因为要从一篇文章的核心思想和核心亮点当中去寻找吸引读者的关键点，然后把它设置成符合一定要求的标题，事实上对我们的思维能力和表达能力都有很高的要求。

### 1.1.1 好标题的特征

我们要了解好标题具备的 3 大特征，就是要知道好标题好在哪里，有什么作用？这样的标题往往能暗示或揭示主题。如果你的标题起得非常漂亮，很吸引人，可是读者看完文章内容之后，觉得内容跟标题并没有太大的关系，就会有种被欺骗的感觉。所以我们在起标题的过程中，要注意标题跟文章的主题相关。

如图 1-1 所示，第一个特征是什么呢？

是表达简洁、鲜明。

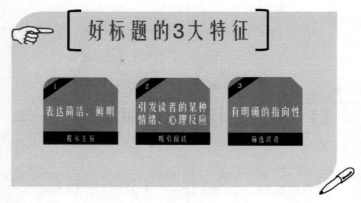

图 1-1

第二个特征,好的标题往往能够引发读者的某种情绪或者心理反应。它的作用就是吸引读者去阅读。

比如我们看到某个题目,它引发我们的同情,引发我们的热爱,引发我们的憎恨,这其实都是引发情绪。如果它引发我们某种好奇、疑问,这就是一种心理反应。

第三大特征,就是有明确的指向性。什么意思?就是好标题,往往可以筛选读者。这样就意味着一篇文章的标题取得好,能吸引目标读者群。跟这篇文章无关的读者可以从题目就判断出来,也就不会浪费时间。

我们站在互联网生态的角度来看标题,要为读者考虑。我们举几个具体的例子看看。三个标题的例子,如

图 1-2 所示,分别从古代到近现代,再到我们当代。

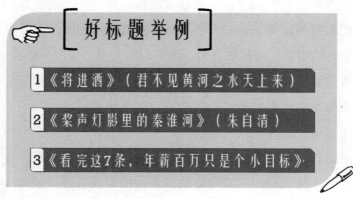

图 1-2

我为什么要举这三个例子?第一,明白好标题的特点;第二,从中去探究一下,随着时代的发展,社会的进步,好标题的特征有什么变化?

如果我们站在整个互联网语境的角度来理解一个好标题,那就有意思了。先来看第一个标题——《将进酒》,这是李白写的。为什么他这首诗歌用了一个非常普通的题目,却能够流传千古?

其实,一篇文章的传播还跟内容、作者紧密相关。如果作者本人是一个名人,一个有着巨大能量的人,那么即使他写了普通的标题,同样能吸引很多人。这就好比世界名牌,像LV、星巴克等,知道的人很多,即使它们不做营销也有人会找上门。名人字画，名人诗词，本身就是一个大品牌，它是自带流量，所以他不完全靠标题来吸引读者。第二个题目《桨声灯影里的秦淮河》是朱自清写的。当年朱自清、俞平伯两人游了秦淮河以后，各自写了一篇《桨声灯影里的秦淮河》，在现代散文史上都是非常有名的。相比之下，这个题目已经有吸引人的味道了。为什么这么说？桨声灯影这是一个非常有画面感的词语，所以我们读到这个题目时，脑海里面就容易浮现出夜晚的桨声灯影的画面。接着就有进一步阅读的欲望。

再看第三个标题——《看完这7条，年薪百万只是个小目标》，对某些人来说，是不是特别有吸引力？年薪百万，还只是个小目标，它的吸引力就足够强了。为什么？因为年薪百万对于多数人来讲，还只是梦寐以求的一件事。

这篇文章是谁写的？就是公众号咪蒙的一篇文章。题目的前半部分说，看完这七条就够了，让人忍不住要进入阅读。

我们发现，在这个生活节奏越来越快的时代，文章标题要吸引人的要求越来越强，越来越突出。这其实也就证明我们整个社会有越来越多的人在读文章，越来越多的人有机会来写文章。所以我们只有在这样一种大生态当中写好标题，才有可能在众多的文章里面成为别人点开来看的那一篇。

## 1.1.2 写出好标题的方法

接下来我们要来谈一谈如何才能写出好的标题。

今天给大家介绍的一种方法是什么呢？就是"提炼文章亮点，揣摩目标读者心理，套用、创新三步走"的方法。

举个例子，有一篇文章它是这样写的，它先分析了房价高给人带来的压力，然后重点写了他对"80后"面对房价高压力大的一种同情之心。我们可以去分析它的两个亮点。第一个亮点是什么？它有一种理性的分析，也就是分析了房价高带来了哪些方面的压力；第二个亮点，它有一种感性的表达，就是我们说看到一件事情，或者说感觉到某一种情况之后，你对他人的一种情感态度。这篇文章里面就有他对"80后"的一种同情。做了这样的分析之后，发现这篇文章实际有两个亮点。第一个就是他的理性分析，高房价的压力，第二个就是对"80后"的同情。

再来看第二步，揣摩目标读者的心理。这篇文章的目标读者其实是比较明确的，就是"80后"。那么"80后"的这一群人，他们在住房方面有着怎样的心理呢？

首先，"80后"都渴望拥有自己的住房，为什么？因为要结婚生子，要摆脱对父母亲的依赖。所以，他们内心渴望有自己的住房，这是一个心理。第二个心理，"80后"对高房价可以说是欲哭无泪。我们由此可以得出一个结论，"80后"对高房价可以说是无可奈何，无处诉苦。

针对刚才我讲的文章的亮点和目标群体的心理，我们可以模仿套用一个好标题的模板。这个模板是什么？有一篇文章叫作《王者荣耀，毁了这一群孩子》。此类标题就是指出某一种现象对某一群人的伤害。套用过来，题目就变成了《高房价摧毁了"80后"的一切》。这样一来，题目就带有了引发"80后"人群共鸣的特点。

你可能已经注意到了，这种写标题的方法，是要内容先写好了，再回过头来取题目。如果你对文章写作的思路和内容非常熟悉，可以先打好腹稿，再根据腹稿取题目也是可行的。那么，除了刚才举到的一个模板以外，还有没有其他模板？当然有。这需要你的积累，还有你及时提炼的能力。

### 1.1.3 写出好标题的技巧

1. 引发共鸣(如图1-3所示)

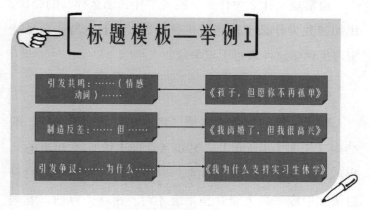

图 1-3

只要善于借用一些情感动词就可以了。比如喜欢、讨厌、热爱、渴望等。这些表示情感的词,在很多情况下都能引发人的共鸣。比如《孩子,但愿你不再孤单》,"但愿"和"孤单"其实也是一种情感动词。

2. 制造反差

可以概括为"……但……"。比如说《我离婚了,但我很高兴》。题目的前半部分"我离婚了",按常理来说应该是一件非常痛苦的事情,但后半部分却说"但我很高兴",这就造成一种反差。

### 3. 引发争议

通常是"什么为什么"或者"什么怎么样"的结构。比如《我为什么支持实习生休学》,对于他为什么支持实习生休学这件事可引发争议。

### 4. 颠覆认知

颠覆认知的标题通常是"你不知道怎么怎么样"的结构(如图1-4所示)。比如《管理上级你不知道的几招》,这是颠覆我们认知的。为什么?因为在我们的普遍认知中应该是上级管理下级才对。而这个标题,管理上级,反过来了,很显然是颠覆了我们原先的认知。

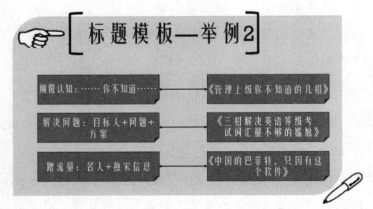

图 1-4

所以这样的标题很容易吸引读者点进去阅读。

### 5. 解决问题

结构通常是"目标人+问题+方案"。比如英语等级考试,对很多考英语的人来说,很重要的一个问题,是词汇量不够。《三招解决英语等级考试词汇量不够的尴尬》,对于参加英语等级考试的朋友来说,就很想打开文章看一看到底如何增加自己的词汇量。

### 6. 蹭流量

上文已经谈到,很多名人伟人是自带流量的。那么我们该怎么来蹭?

我们可以借用一些修辞手法,如比喻、类比,再加上"独家信息"。比如《中国的巴菲特,只因有这个软件》。

这个标题里面的"巴菲特"就是一个名人。我把文章中提及的人比作中国的巴菲特。你看,此刻我就蹭到这个名人的"流量"了,同时又因为"只因有这个软件"是一种独家信息,很稀缺,所以容易引起人的注意。

简单小结一下,取标题的模板一共有这样几种,引发共鸣、制造反差、引发争议、颠覆认知、解决问题和蹭流量。

## 1.2 写出好句子,文章处处精彩

天下的文章无论多长多短,都是由句子构成的,所以写好句子就成为写好文章最重要的基本功。

### 1.2.1 如何判断好句子

其实,我们还得回到交流和传播的场景——写作、演讲以及我们日常的交流,包括我们生活和工作的交往,这是语句赖以生存的土壤。

古人的一句话,已经帮我们点出了好句子的原理,那就是言之无文,行而不远。这句话是什么意思?如果我们说话写文章不能使句子(文章)具有一定文采,产生一定的影响力,那么它们是不能被很好地传播的。

具体来说(如图1-5所示),一个好句子,首先得是一个正确的句子,符合句子的基本要求,要完整和通顺。假设一下,我们说了一句话,写了一个句子,它不能顺畅地表情达意,或者不是一个完整的句子,那么我们很难说它是一个好句子。

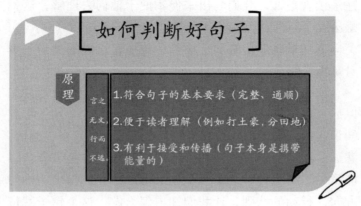

图 1-5

所以好句子是符合人们表达规范的。其次，好句子要便于读者理解。什么叫便于读者理解？举一个很简单的例子，在革命年代，毛主席为了号召广大人民群众参加革命，他就写了这样的一句话——打土豪，分田地。这句话广为传播，因为它不仅读起来朗朗上口，还让所有的老百姓一听就能十分明白。

老百姓一听，原来这支革命队伍是帮助咱们打倒地主土豪的，还能让咱们分到田地，有了田地咱们就可以养活自己。所以"打土豪，分田地"这样的革命理念就广为传播，广为流传。假如这个句子改成"打倒地主阶级，打倒一切恶势力，实现共产主义理想"这样的话，对于当时的老百姓来讲，可能就不是那么好理解了。

所以我们在判断一个句子是不是好句子的时候,要注意读者是谁,我们写出来便不便于他们去理解,这就是第二个原理。

第三个原理是有利于接受和传播,这说的是句子本身是携带能量的。

怎么理解?第一种,句子本身带有知识含量,读完以后可以提高我们的认知,我们可以认为这个句子带有知识含量。第二种,当一个句子让我们产生兴奋、同情、悲哀、激动、感谢等某一种情感的时候,它是带有情感能量的。第三种,一个句子如果可以给我们指出明确的方向、行动的法则,让我们知道怎么做,这个句子就带有一种驱使行动的能量。

## 1.2.2 写出好句子的方法

写出好句子的方法,如图1-6所示。

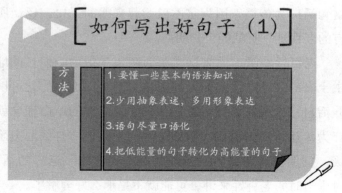

图 1-6

## 1. 要懂一些基本的语法知识

如何获得，其实也不难，可以给你两条建议。首先，可以通过百度去搜一搜，有哪些基本的语法知识，包括句子的成分和结构。其次，可以和你身边的优秀作者交流。

## 2. 少用抽象表述，多用形象表达

如果一个句子不便于理解，不便于传播的话，只能停留在个人的世界里。什么叫抽象的表述呢？就是某一些专业用语或者概括性的语词。

## 3. 语句尽量口语化

自媒体写作的目标群体是大众（广义上说），如果想要让自己的文章被更多的人阅读，那么我们尽量要做到口语化。我们可以去听一听各大自媒体平台的语音直播节目，你会发现都是如此。

## 4. 把低能量的句子转化为高能量的句子

比如文章开头，我们可以用一些相对比较高能的句子吸引读者进一步阅读。不过，在某一些需要平淡叙事，为下文制造反差的地方，就不需要非得用高能量的句子，要活学活用。

### 1.2.3 写出好句子的技巧

接下来我们谈谈写出好句子的技巧

#### 1. 善于用名词

那什么是名词？简单地说，就是我们对所遇到所创造的万事万物，会给它一个名称，这就是名词。名词最大的好处就是让我们一看到，一听到，就能产生一个非常具体的形象，并在脑海里面浮现出来（如图1-7所示）。

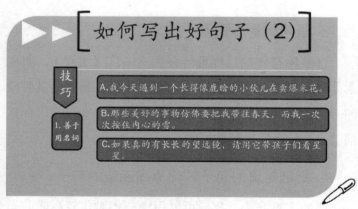

图 1-7

我们来举三个例子。第一个例子，我今天遇到一个长得很像鹿晗的小伙儿在卖爆米花。跟下面的句子对比一下：我今天遇到一个长得很帅的小伙儿在卖爆米花。

你有什么发现？第二个句子我们很难想象这个小伙儿到底怎么个帅法，而原句就能引起很多人的具体联想。

我们来举第二个例子，那些美好的事物仿佛要把我带往春天，而我一次次按住内心的雪。这个句子中有一个名词——雪。一个雪字，引发了我们具体的联想，仿佛将要融化的感觉就出来了。如果改成，那些美好的事物仿佛要把我带往春天，我一次次按住内心的激动。有什么不同呢？激动，是一个形容内心情绪的形容词，因为看不见摸不着，所以很难引起读者的具体联想和感受。

第三个例子也是如此。如果真的有长长的望远镜，请用它带孩子们看星星。那么这句话如果改成一种抽象的表达方式，是什么样的感觉？如果你有一种高科技的设备，请你带孩子去研究星空，研究天文。效果有什么不一样？很显然这种抽象的写法会令读者理解起来比较吃力。

你看，如果我把句中抽象的词换成生活中常见的名词，句子就显得好理解，也就有利于接受和传播。

## 2. 善于把长句变成短句

我们来看两个具体的案例（如图1-8所示）。

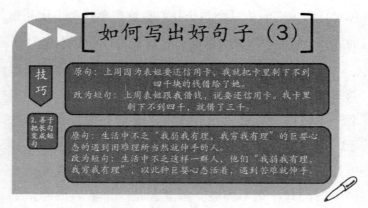

图 1-8

上周因为表姐要还信用卡,我就把卡里剩下不到四千块的钱借给了她。这个句子一看就显得冗长,读起来比较吃力,改成短句试试。上周表姐跟我借钱,说要还信用卡。我卡里剩下不到四千,就借了三千。是不是感觉读着轻松了。

再看第二个句子。生活中不乏"我弱我有理,我穷我有理"的巨婴心态的遇到困难理所当然就伸手的人。这也是很长的一个句子,怎么办?把几个"的"分开,成为短句。生活中不乏这样一群人,他们"我弱我有理,我穷我有理",以此种巨婴心态活着,遇到苦难就伸手。这样一来就显得干净明了。

### 3. 善于把低能句转化为高能句

如图 1-9 所示，我们来看两个案例。第一个案例，原句是这样子的，千万别放弃，一定要努力。意思其实已经很简洁很明了。但是还可以进一步改成：千万别放弃，因为你放弃了，生活也不会饶了你。这个句子的能量相对来说就比较高了，为什么？因为它加入了观点和情绪。

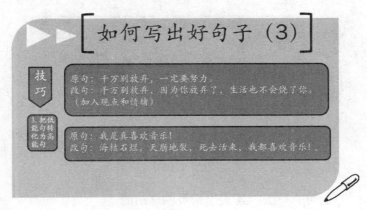

图 1-9

我们再来看第二个例子，原句是这样子的，我是真喜欢音乐！这句话已经有一定的情绪了。可是我觉得情绪还不够，如何使其能量增加？比方说，海枯石烂，天崩地裂，死去活来，我都喜欢音乐！情感能量增强了，表达的效果上也就更有感染力。

### 4. 善于模仿金句

如图 1-10 所示，我们经常会在一些互联网爆款文章里面看到一些能够让人记忆深刻的句子。它常常戳中我们的某一处痛点或某一种情绪，使得我们会不自觉地转发这篇文章。

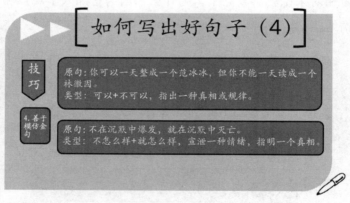

图 1-10

金句的写法，其实也是可以总结的。

有两个案例可以分享。第一句，你可以一天整成一个范冰冰，但你不能一天读成一个林徽因。这个句子，就把两种现象摆在一起，用"可以＋不可以"的结构（对比式）组合在一起。这种互相对比显出差别的方式，能够给读者指出一种真相或规律。

又如第二个句子，我把它总结为"不怎么样+就怎么样"的结构（非此即彼式）。例如，不在沉默中爆发，就在沉默中灭亡。也引起了很多人的共鸣，它宣泄了一种情绪，同时也指明了一个真相。你会不自觉地感受到某一种力量在推动着你去转发。

## 1.3 写出好段落,离好文章还会远吗

好的文章其实就是由好段落构成的。能写好段落,组织篇章的能力也就初步具备了。

### 1.3.1 好段落的特征

对于写作而言,写好段落是走向写好文章非常重要的过渡阶段。我们先了解一下好段落有哪些特征(如图1-11所示)?

第一个特征,围绕一个中心点展开,由核心意思统领。第二个特征,具有合理的结构,让读者可以按照一定的认知顺序来理解。第三个特征,具备一定的感染力或说服力,与全文和谐一致。

一个好段落,犹如我们人体的一个器官一样,能够相对独立地实现某一种功能。我们的大脑是思维的器官,

我们的四肢是运动器官……文章的段落也是如此。

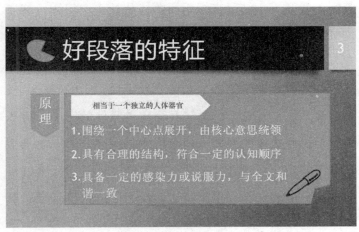

图 1-11

接下来我们举一个例子来看看。

这只是贫富的差距吗？不，其中还有万里江河只在我心的领会。佛不远人，自心是佛。能舍了家中的池塘去追寻流水的蜿蜒，能撇开家中的如豆灯光去欣赏那满天星辉，能迈出自家的院子，用脚步去丈量天下，这便是一颗心能达到的高度。也许你坐拥天下，你也可能一无所有。就算你一无所有，你也能够坐拥天下，因为享受从来与拥有无关。

——《笑著荷衣不叹穷》( http：//wenshi.lcxw.cn/ycwx/2014-11-14/6303.html )

如果从结构的角度来看，我们发现它按照"设问—答问—展开—小结"来组织段落。从开头一句话，这只是贫富的差距吗？引出我们的思考，然后作答，其中还有万里江河只在我心的领会，指出了不仅仅是经济上的差距，更重要的是精神层面（心领神会）上的差距。接着为展开这一层意思，举了几个比较具体的例子，第一个就是舍弃家中的池塘去追求流水的蜿蜒，第二个是撇开家中的如豆灯光去欣赏满天的星辉，以及第三个就是出迈出自家的院子，用脚步去丈量天下。使核心意思更具体、更形象，便于读者理解。

最后，作者作了小结，你拥有这样一颗心的时候，你可以享受到更广阔的世界和天地，而这种享受跟你所拥有的物质，也就是经济上的富足是无关的。

这个段落的结构，符合上文所说的围绕一个点展开成合理的段落组织，同时，也符合一定的逻辑顺序——从具体的事物，逐步抽象，最终提高到一个高度。

另外，它有一定的说服力和感染力。因为从具体的事物出发，能让我们感受到作者的结论不是凭空而来，而是有理有据的。

## 1.3.2 写出一个好段落的方法

写出一个好段落的方法(如图 1-12 所示)。

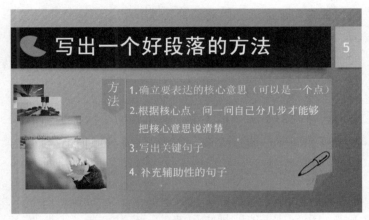

图 1-12

首先,要确立你内心要表达的那个核心意思是什么。通常,一个段落只要有一个核心点就可以了。

这里我们岔开去谈一谈,有些小伙伴可能会问,我脑海当中找不到这个点怎么办?这就跟我们的思维能力,或者说你读的书和见识有关了。

当你读的书和见闻足够多,足够丰富的情况下,你通过感受和思维加工,可以逐步形成一个核心点。围绕这个点来组织段落就比较轻松了。

其次,根据核心点,问一问自己分几步,才能够把这个核心意思说清楚。

这其实就是厘清思路，最重要的就是逻辑顺序。然后，根据你确立的要表达的核心点和步骤写出关键句子。写完关键句子之后，段落的骨架就有了。

最后，为了使段落完善，要补充辅助性的句子。

举一个具体的例子帮助大家理解。比如，抓住这两天很多朋友讨论的一个热点话题——过洋节。很多中老年人说，我们不应该过洋节，而年轻的小伙子小姑娘却更希望和同伴一起过洋节，因为这比较热闹。我的观点是过洋节的心态很关键。我先确定这个点。

接下来，我就要问一问"过洋节的心态很关键"这一点，我分几步能够把它说清楚。经过思考，大概是这样的三步。

- 第一步，单纯崇拜式的心态，可能会导致为过洋节而过洋节。我梳理了我所遇到的过洋节的某些现象，只是觉得自己面子上很有品位。
- 第二步，相对比较可取的方式，就是体验和了解西方文化的心态。
- 第三步，分析、反思国人过洋节的形式，其实是有助于我们更好地对待两种文化的交流和对话的。

为了使这个段落看起来更加通顺、完整，我需要补充辅助性的句子。在开头可以加"最近,朋友们都在谈论过洋节,我也来说说我的观点。"接下来我会怎么连接呢?"为什么过洋节的心态很关键,让我来简单谈谈吧。"这样就使段落比较完整了。

### 1.3.3 写出好段落的2个技巧

通过以上对写段落方法的介绍,有一部分朋友可能已经有些明白了,接下来介绍一下关于写出好段落的2个技巧(如图1-13所示)。

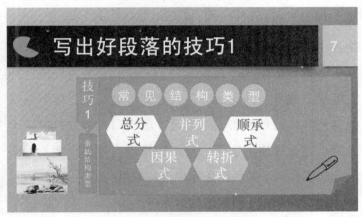

图 1-13

**1. 借助结构类型**

常见的五种结构类型,第一种叫总分式结构,第二种叫并列式结构,第三种叫顺承式结构,第四种叫因果式结构,第五种叫转折式结构。这里一一为大家举例。

我们先来看总分式结构的例子。

有时候,"努力"就像一件华丽的外衣,掩盖了不思进取的事实。嘴上喊着所向无敌,心里却常常不堪一击。欺骗自己,甚至自欺欺人,找各种理由不断安慰自己:这不是我的问题。不断拖拉糊弄,虚于逶迤,不断妥协现实,每天得过且过,寄希望于虚无缥缈的明天,最终一步步地迷失掉了自我。

——公众号《读者》,作者:狮小主,2017.10.29

开头一句话说,有时候努力就像一件华丽的外衣,掩盖了不思进取的事实,这是一个总的观点。接下来的几句话就是围绕这个总观点一步一步展开的。先说这种人嘴巴上喊着所向无敌,但内心却不堪一击。接下来说找各种各样的理由来安慰自己,然后每天得过且过,寄希望于虚无缥缈的明天,最终一步步失掉了自我。后面这几句话都讲了如何掩盖不思进取的事实。

我们再来看并列式结构的例子。

20多岁,谈结婚似乎有点早,初恋又太晚;跟小孩一起玩无聊,跟长辈待一起又没共同话题;在家太闲,出门没钱;啥都不想会被骂没理想,想法多了又被指不踏实！孝顺父母，想得很美好，实现起来很敷衍；闯荡事业，社会太残酷，身影太单薄；期待真爱，责任太重，肩膀太窄。

——公众号人民日报，《20多岁的尴尬，你怕不怕？》，2017.11.03

这段话就采用了并列式结构，把无可奈何的现实状态写出来了。事实上，这段话是两个长句子组成的，第一个长句子，从"20多岁"到"又被指不踏实"，后面一个句子是"孝顺父母"到"肩膀太窄"。大家可以发现两个句子又是由并列式的小句子构成。作者就这样把这种种无可奈何，好像是一个多余人的状态，写出来了。我们把这种没有前后之分，只是两种或者说多种现象并列在一起的结构，称为并列式结构。

接下来我们再看顺承式结构的例子。

听同事说了个故事，他的同学高中毕业的时候，跟父母说想去美国上学，父母就给了他20多万，让他去美国好好学习。他答应了。于是他把20多万拿去跟女朋友在美国和加拿大玩了一大圈，骄奢淫逸，全花了。大家都说他不靠谱，太扯了，他说你们不懂，我这叫投资。

——《不要害怕浪费自己的努力》(2017.07.27 http://m.yiqig.com/zhichanglizhi/lizhiwenzhang/0HG5H32017.html)

我们把这种按照一定的时间,或者按照事情发展的逻辑顺序写下来的结构称为顺承式结构。

上文这个例子里面第一句话写听同事说了一个故事,这个故事讲的是谁?是他的一个同学。发生了什么?高中的时候为了去美国,从父母那边拿了一笔钱。接下来是怎么发展?是他把20多万拿着跟女朋友去美国和加拿大玩了一大圈,结果钱花光了。大家都说他不靠谱,他还反过来说你们不懂,我这叫投资。

我们再来看转折式结构的例子。

还有更多人想努力,却放弃了。因为他们太害怕失败。他们说,自己"害怕失败远远超过对成功的渴望"了。如果说,他们害怕失败,是基于现实的负累、经济的压力,我可以理解。但很多人不是,他们是害怕事情太难,害怕自己做不到,害怕丢脸,害怕被别人当成傻子。简单地说,他们的偶像包袱太重了。总觉得全世界都在关注自己的失败。恕我直言,你在别人的世界里没有那么重要,至少没有你想的那么重要。

——《不好意思,你的努力不值钱》(2016.11.28 微信公众号《咪蒙》)

这个段落,作者先说认为他们害怕失败是基于现实的负累,经济的压力,等等。但是后面呢?作者突然笔锋一转，说他们并不是因为现实的负累和经济的压力，而是因为害怕事情太难、害怕丢脸、害怕别人嘲笑。这就是我们所说的转折式结构。特别适合用于写你提出自己的独特观点和见解的文章。

最后，我们再来看因果式结构的例子。

很多人说，努力是需要很大勇气的。其实，努力只需要执行力，不努力才需要勇气。因为不努力，你就要坦然接受别人比你强，比你牛；因为不努力，你就要承认各种风险，比如家人生病，你无能为力；因为不努力，你就要容忍将来的自己可能会骂现在的自己是傻子。什么都不做，当然是最安全的。

——《不好意思，你的努力不值钱》（2016.11.28 微信公众号《咪蒙》）

这段话，作者就用因果式结构把很多人不努力的情况概括出来了。前面很多人说努力需要很大勇气，其实努力只需要执行力，不努力才需要勇气，这是一个结果。接下来用了三个"因为……"把原因给找出来了，是从果到因。

### 2. 借助问题

一个好段落，无论是表情达意，还是阐明观点，都具有一定的结构，能达成一定的写作意图。因此，反过来说，可以用几个问题来引出某段话要表达的主要内容。

比如，我要写一段话，向读者解说什么叫"深度工作"。可以提出如下问题（如图1-14所示）。

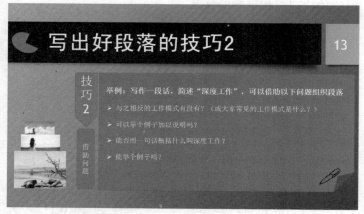

图 1-14

- 与之相反的工作模式有没有？（或大家常见的工作模式是什么？）
- 可以举个例子加以说明吗？
- 能否用一句话概括什么叫深度工作？
- 能举个例子吗？

根据以上问题，结合自己的素材，就可以写出如下段落。

要深入理解深度工作，先要了解什么是浮浅工作。对认知要求不高的事务性任务，往往在受到干扰的情况下开展。此类工作通常不会为世界创造太多新价值，而且容易复制。举个例子，打印文件就属于浮浅工作。因为打印文件不需要你具备高超的认知能力。你可以一边打印文件，一边回复手机微信。正因为这样，你能轻易完成打印文件这样的工作，张三和李四也能。所以你被取代的可能性也就大了。我们的问题是，面对需要深度工作的任务，我们却用浮浅工作的模式来完成，那么结果就会大打折扣。深度工作是指在无干扰的状态下专注进行职业活动，使个人的认知能力达到极限。这种努力能够创造新价值，提升技能，而且难以复制。

——《为什么你每天忙着"精进"，却还是个"低品质勤奋者"？》（简书 余老诗 2017.11.06）

我们简单小结一下，好段落的标准是什么。好段落要围绕一个中心点去展开，具有合理的结构，有符合认知的逻辑顺序。同时，好段落还要有一定的感染力和说服力，能够为主题服务。

## 1.4 构思好篇章,你的结构思考力也提高了

学会组织段落,我们离写出好文章便不远了。这一节我们谈一谈怎么样才能够组织好一篇文章。不少朋友在提笔写作时,可能会有这样的困惑,觉得人家写文章下笔千言洋洋洒洒的,一篇文章可以写得很长,规模很大,我为什么就写不出来呢?

其实,文章的长与短,篇幅的大与小,都跟文章组织结构有很大关系。在构思过程中,如果能够把文章的整体框架按照一定的逻辑顺序和思路设计好,你也可以写出长篇幅大规模的文章。

### 1.4.1 写好篇章的原理

我们首先了解好的篇章应该具备哪些要素,据此可以反观自己的文章,也可以有针对性地进行练习,然后

提高自己组织篇章的能力。那么一篇好的文章应该具备哪些要素呢？如图 1-15 所示。

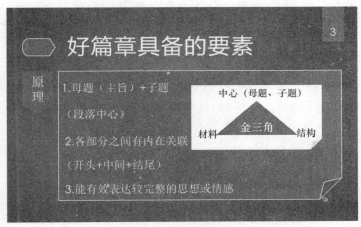

图 1-15

可以用一个"金三角"来概括——文章的中心（母题、子题）+材料+结构。为什么？因为一篇文章如果没有中心的话，材料再多都是一盘散沙。一篇文章的中心，我们可以把它称为母题，而在每一个段落里面，它要表达的那个中心就可以称为子题。有了中心，没有材料行不行？也不行，材料就好像我们人体的血和肉一样。有了血和肉，人体才能正常活动，才能有力量。文章也是如此。结构好比是我们人体的骨架。有了骨架，我们的肉血才有地方可以依附。

说到篇章应具备的三大要素，我们更应该从这三者的关系来考虑。比如母题和子题，那其实就是段落跟文章中心之间的关系。也就是说，无论文章有三个段落，还是五个段落，其实都要根据文章的中心（母题）来安排。更重要的是，我们要考虑开头、中间和结尾，这三者之间有一个内在的关联。比如开头往往是为了引出中间要写的内容。中间的具体展开，是为了完成对整篇文章中心的充分表达。结尾是自然而然从中间部分延伸、引申出来的。

我们来举一个例子。

如图1-16所示，人民日报公众号上有一篇《我们还能陪父母多久？》（2017.12.27），是一个老主题。篇章由四个部分组成。第一部分讲人生很长，但能陪父母的时间真的不多。第二部分讲述渐渐老去的父母，不惜接受虚假的关怀。第三部分论述没人愿意父母老去，但谁都阻止不了这一天的到来。第四部分说的是余生很长，给他们多留点时间。

根据我们前面讲的关于篇章的"金三角"要素来看，这篇文章的主题就是我们要多留一点时间陪我们的父母。材料是什么？就是这四个部分所包含的内容。它的整个结构是什么样子？如图1-16所示，我在这幅图的最右边，就列出了一个简单的内在的关联。

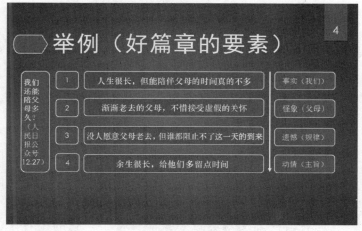

图 1-16

具体地说,开头部分指出一个事实和现象,让读者首先进入这个事实中去。第二部分从这个事实再衍生出一个怪象——我们很多父母因为得不到儿女的陪伴,他们不惜接受一些虚假的关怀。第二部分里面举一个例子,说有一对父母亲为了得到人家的关怀,明知道卖的保健品其实并没有什么大的作用,但那销售人员很关心老人,老人就不惜花很多钱去买那个所谓的保健品。这个部分跟前面部分的内在关联是什么?一个是因,一个是果,这是因果关系。第三部分从前面这两个事实:一个是真相,一个是怪象当中引申出什么?没有人愿意父母老去,但谁都阻止不了这一天的到来。

这就把事实和现象提升到一个自然规律的高度。也就是人生老病死的基本规律。我们如果忽视这样的规律，人生可能会留下遗憾。作者由此再引出案例，如季羡林先生，就因为在国外留学，没有赶上母亲的临终时刻，以至于抱终天之恨。

文章写到这里似乎可以结束了，但是作者并没有就此停笔，而是在第四部分以情感打动读者的方式，再一次提出，余生很长，我们要给父母多留点时间。

你看，这篇文章篇章要素都具备了，它的主旨是很清晰的，我们要多陪父母。结构上，从事实到怪象，到规律，再到文章的主题深化，层层递进，层层生发。材料呢？既谈到了普通人对待父母的情况，也谈到了名人对待父母的情况，种类丰富。中心、结构和材料也统一在一起。同时晓之以理，动之以情。让我们读者从内心深处接受作者的观点。好的篇章，好的文章，具备打动人心的力量，是材料、结构以及它的主题所共同决定的。

### 1.4.2 组织好篇章的方法

如图 1-17 所示，我们来谈一谈如何组织好篇章。

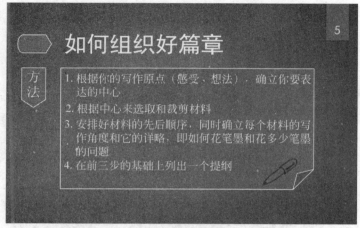

图 1-17

　　介绍给大家的方法叫四步法。第一步，根据你的写作原点（感受、想法），确立你要表达的中心；第二步，根据中心来选取和裁剪材料；第三步，安排好材料的先后顺序，同时确立每个材料的写作角度和它的详略，即如何花笔墨和花多少笔墨的问题；第四步，在前三步的基础上列出一个提纲。

　　这里需要解释的是什么呢？写作原点。就是我们每个人在动笔写作之前，我们内心都有一个最初的感受或者想法，刚开始有可能是一个非常朦胧、非常粗浅的想法。但是这个想法，老是在内心触动我们，促使我们要写一篇文章来表达自己的想法。这个写作原点在组织篇章的过程中，会发展成为文章的中心。

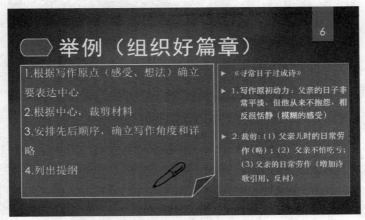

图 1-18

如图 1-18 所示，接下来我们举例加以说明。我曾经写过一篇小散文，叫作《寻常日子过成诗》（参看简书 2017 年 7 月 28 日余老诗《寻常日子过成诗》）。我写这篇文章之前的一个写作原点（原动力）是什么呢？就是我父亲的日子非常平淡，但他从来都没有抱怨，相反很恬静。这个想法刚开始在我内心里是一种非常模糊的感受。

我为什么会有这样模糊的感受？因为我觉得我身边的一些朋友、同事，和一些我所了解的人，他们对工作也好，对生活也好，总会有各种各样的抱怨。觉得工作太繁忙、太紧张，日子缺少诗情画意的美好，觉得自己的人生总是不如意。

那么对比我的父亲，他每天都非常平淡，在平淡中他又觉得非常享受生活的每一刻。所以我突然想到，父亲寻常的日子也可以过得非常美好，太了不起了。这就是我在写这篇散文之前一个最初的想法，也就是我讲的写作原动力。我如何才能够把我脑海中这个写作的原动力延展成一篇散文呢？

我考虑了一下，父亲把他平淡的日子过得很舒服，能不能用一个比较精练的语言来概括，后来觉得可以用"寻常日子过成诗"这样的标题，其实也就相当于这篇文章的中心了。中心确立以后，我又思考，如何才能把这个意思一步一步说清楚。

打开记忆的仓库，回忆我跟父亲之间的事，重点放在父亲他是怎么过日子的，怎么把平常日子过成诗的。于是就有这样几种素材：第一种素材是父亲儿时如何洗衣做饭；第二种素材是在母亲眼里，父亲总是会吃各种各样的亏，但父亲从来不觉得吃亏；第三种素材是父亲的日常劳作，在我们平常人看来，可能是工作之后额外增加的劳动，是负担。

你看，围绕"父亲寻常日子过成诗"，我就有了三个方面的素材。第一个方面是父亲儿时的生活劳作，要写得简略点，因为那只是我听到父亲说，并没有真实的体会。但是不能少，为什么？因为说明父亲把平常日子过成诗，是从小就已经养成的习惯，而不是到现在才来刻意改变的。

而第二部分的内容父亲不怕吃亏和第三部分的内容父亲的日常劳作，就要重点写。为什么？因为这是我有体验有感受的事。通过描写，我可以把真情实感写出来。同时，我在写父亲日常劳作的时候，还增加了一部分引用的诗歌，以诗歌来反衬父亲，他把平常日子过成诗是那样惬意。

所以，从围绕主题选择材料，同时对材料进行裁剪，也就确立了写作的角度和详略。第二块内容和第三块内容，父亲不怕吃亏和父亲的日常劳作我是详细写的。那写作角度又是怎么确立的？父亲不怕吃亏，重点是从母亲的反应来写的，为什么？因为父亲不怕吃亏，而母亲却常常觉得他很吃亏，这样就可以形成一个鲜明对比，更加突出父亲的不怕吃亏；而第三个内容，父亲的日常劳作，我的写作角度是什么？是和我们所谓的诗情画意的诗歌进行对比，突出父亲的自然而然。

## 1.4.3 组织好篇章的技巧

如图 1-19 所示，我们来谈一谈写出好篇章的技巧。

写出好篇章的技巧,我认为其实只有一个,那就是要学会列提纲。提纲该怎么列呢?从大到小,由主到次。

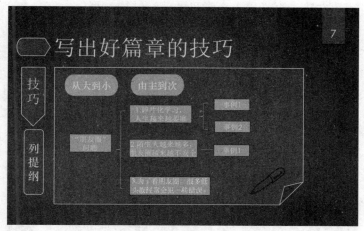

图 1-19

举个例子,比如有一篇文章,它是关于朋友圈问题的。我们就要思考朋友圈会有哪些问题,由此就可列出三条:第一条是碎片化学习,人生越来越萎靡;第二条,陌生人越来越多,朋友圈越来越不安全;第三条,为了看朋友圈,很多低头族经常会犯一些错误。

同时,第一个部分可以列出 2 个例子。第二部分列出 1 个例子。这样一来,我们会发现,朋友圈问题本来是一个很模糊的概念,但通过我列提纲,由大到小,由主到次,就可以具体到某一个很小的事例。这篇文章要写什么,先写什么,后写什么,就很清楚了。

为了帮助大家更好地理解文章的篇章结构以及列提纲的方法,再举出 1 个常见的篇章结构类型供大家参考。

如图 1-20 所示,一直特立独行的猫,她有一篇文章,题目是《看了日本女人卖房的故事,才知道自己的努力为什么总是没用》(公众号 虎嗅网 2016.10.11)。

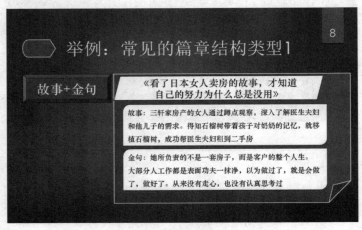

图 1-20

这篇文章就是典型的"故事+金句"的写法。它的故事是什么呢?是三轩家房产的女人通过蹲点观察,深入了解医生夫妇和他儿子的需求。一对医生夫妇和他的儿子,因为意见不统一,租房子的事迟迟得不到解决。医生夫妇上班很忙,希望租到离医院近一点的房子。而儿子不肯搬家，为什么？因为在他的老家，有奶奶留给他的最美好的回忆。

这位三轩家房产的女人通过蹲点观察，得知让这个孩子不肯搬家的原因跟一个细节有关——老家有一棵石榴树，它承载着孩子对奶奶的回忆。孩子觉得只有在那个地方才能够感受到奶奶的存在，就不肯搬家。这个三轩家房产的女人就非常有心，去做了一件事情。就是把这个石榴树剪下一截来，然后移栽到盆栽里面。用盆栽的方式把石榴树移到了医院附近的出租房。然后她把那边的房间也布置得跟孩子住的老房间一样温馨。后来，把他们全家请到那边去看，那个孩子终于接受了这个二手房。

你看，通常讲，卖二手房子的人都是在做推销人，是吧？似乎只是为了赚钱而已。但这个故事，作者得出了一个什么结论？她所负责的不是一套房子，而是客户的整个人生。

这个故事引出这个金句，就非常有新意。同时，它还提高到什么样的高度？就是我们大部分人的工作都是表面功夫一抹净，以为做过了，就是会做了，做好了。但从来没有走心，也没有认真思考过。

所以金句就是，真正做事情的人，是又走心又认真思考的人。

这篇文章获得读者非常大的认可。细心的伙伴一定可以发现,其实我们的朋友圈也好,其他公众号和自媒体平台也好,都有类似这样的文章结构类型——故事加金句。故事人家喜欢看,金句是打动人心,深入人心的。第二种常见的篇章结构类型,是在第一种基础上发展变化而来的。

如图1-21所示,我把它概括为故事1+道理1,然后故事2+道理2,接着故事3+道理3。

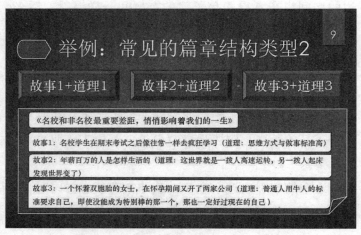

图 1-21

这样的结构,它是由第一种结构的发展和变化而来的。我们同样以一直特立独行的猫为例子,她的另外一篇文章，题目叫《名校和非名校最重要差距，悄悄影响着我们的一生》（公众号：一直特立独行的猫 2016.07.06）。

这篇文章由三个故事和三个道理组成。道理一层一层递进，一层一层深入，让读者在读故事的过程中，自然而然地接受道理。

我们来看一下她的故事一是什么样的。故事1，讲名校学生在期末考试之后像往常一样去疯狂学习。我这里用一句话来概括了，原文是通过跟我们很多非名校的学生相比，发现我们非名校的学生在期末考试之后觉得是大获解放了，然后疯狂地玩。而名校的学生在考试之后，像往常一样，无论是在图书馆，还是自习室都是非常疯狂地学习。

由此得出来一个什么道理呢？就是名校和非名校的区别，并不是校名的差别，而是名校学生的思维方式跟他们非常高的故事标准。这使得他们后面的人生、工作和事业上与非名校的学生产生差别。

第二个故事，是关于年薪百万的人怎么生活的。通过一个具体的案例，告诉我们这个世界就是一拨人高速运转，另一拨人起床发现世界变了。

然后故事3+道理3。说的是一个怀着双胞胎的女士，在怀孕期间又开了两家公司。由这个事情又得出了一个道理，普通人用牛人的标准来要求自己，即使没能成为特别棒的那一个，那也一定好过现在的自己。

你看，这三个故事加三个道理，就把"名校和非名校的重要差距，并不体现在名校的名字上面，而是体现在一种思维方式，做事标准和人的行为上面，它们会悄悄改变我们一生"这个主题淋漓尽致地展现给我们了。第三种常见的结构类型是什么？

如图1-22所示，是我们在写干货类文章经常会用到的一种结构类型。生活或者工作场景，引出问题，再加上解决方案。

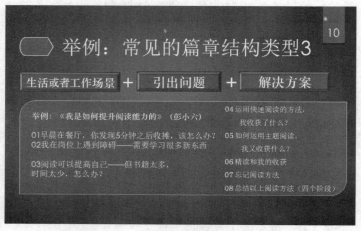

图 1-22

来举个例子，《我是如何提升阅读能力的》（简书：彭小六 2017.12.26）。这篇文章符合生活或者工作场景加引出问题，再加解决方案这样的结构类型。

第一部分是怎么安排的呢？就是早晨时你在餐厅，发现五分钟之后就要收摊了，你该怎么办？这是从一个非常具体的生活场景引出一个具体的问题。然后再引申到我们在工作岗位上也会遇到类似的情况——就是在时间很紧急的情况下，我们需要应付一些障碍，需要完成一些任务。接着，文章就以作者自己为例，说自己岗位上遇到障碍的时候，需要学习很多新东西。

阅读可以提高自己，但是书籍太多，时间太少怎么办？你看到了这里，他就引出问题了，前面我们说的是一种生活和工作场景，那么这里就是引出真正的问题。

书籍太多，时间太少，该怎么办？好，紧接着给出解决方案。运用快速阅读的方法。接下来文章谈运用快速阅读的方法，作者收获了什么？然后，又谈了如何运用主题阅读，作者收获了什么？接着，再谈精读和作者的收获。最后，再谈阅读的最高境界，作者认为是忘记阅读方法。

文章结尾是总结以上阅读方法，即提出的四个阶段。这篇文章就是从生活场景、工作场景引出问题，然后给出解决方案。

这是我们在写干货类文章时经常用的一种结构类型。

相信大家通过举一反三，还能发现许多爆款文章的篇章结构类型，学以致用，让自己的文章青出蓝而胜于蓝。

## 1.5 好的开头,让读者欲罢不能

都说好的开头是成功的一半,对于一篇文章来说也是如此。我们要有一个精彩的开头,才能够吸引读者不停地读下去。

### 1.5.1 好开头的作用

那么好的开头到底有哪三大作用呢?我把它概括为九个字:定基调,激兴趣,引下文。如图1-23所示。

什么叫定基调?是我们看一篇文章,它是属于有趣的,有用的,还是有情的,从开头就能给读者一种提示和感受。

激发兴趣,是让读者看完开头,产生接着读下去的欲望。当文章发表在移动端的自媒体平台上,如果文章的开头没读完觉得没必要再读了,这时就会发生我们所谓的"跳出"。

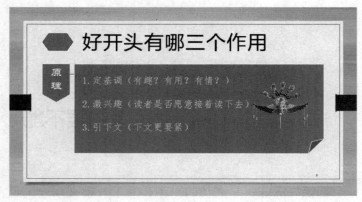

图 1-23

引下文,是从文章的结构上来说,开头要能引出下文,让读者觉得下文更要紧,更有干货,更有内容,我必须读下去。

我们不妨来举个例子。朱自清的《荷塘月色》,一篇非常有名的散文,相信大家都读过。文章的开头很简单,只有一句话——"这几天心里颇不宁静。"别小看这个开头,虽然只有一句话,但已经把我们讲到的三大作用都体现出来了。首先就是定下了一个基调,心情不太好。其次,就是激发我们的兴趣。读者会想为什么作者心情不好,心里颇不宁静呢?最后就是引出下文,我们得看看究竟下文会发生什么。

你看,好的开头并不在于它多长或者多短,而在于它能够起到什么样的作用。

## 1.5.2 写好开头的方法

原来一个好的开头有这么重要的作用,那怎样才能够写出一个好开头?先来说说方法——写好开头三步走。如图 1-24 所示。

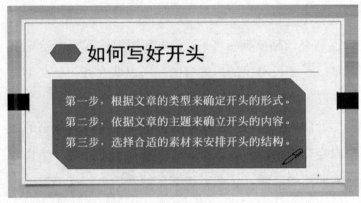

图 1-24

- 第一步,根据文章的类型来确定开头的形式。如果是一篇小说,就应该有小说相对应的开头;如果是一篇干货文,也应该有干货文的开头形式。
- 第二步,依据文章的主题来确立开头的内容。我们知道一篇文章,无论它的开头、中间还是结尾,都应该跟主题有密切的关系。所以开头的内容也是根据文章主题来定的。

- 第三步，要选择合适的素材来安排开头的结构。开头究竟应该写哪些内容？先写什么，接着再写什么，最后写什么？是根据我们已有的素材来安排的。

举一个具体的案例。在 2017 年 11 月 6 日，我在简书发表了一篇文章，题目为《为什么你每天忙着精进，却还是个低品质勤奋者》。首先我明白，我写的这篇文章是以一个讲书稿的形式写的，所以我在开头就必须要接地气，最好能够结合社会热点来写。

为什么？因为大家都知道讲书稿是要把一本书的主要内容介绍给读者听，为了让书和读者之间有一个比较自然而然的过渡，让读者能够比较轻松地接受书本的内容。因此我首先得从大家都熟悉的一个社会现象或者一个故事开始引出话题，这样才能够让读者比较轻松、比较自然地进入文章的阅读状态。

确定了文章类型之后，根据文章的内容，也就是要介绍《深度工作》这本书的精华决定我在开头必须提到什么是深度工作。

我手头有哪些素材？第一个就是公众号热文"家暴男"，这是我在公众号里面看到的。第二个素材是我已经知道了的，浮浅工作不等于肤浅工作。于是，根据这三点，我就写了这样的一个开头：

  这几天那个直播家暴的男人差点被人割了jj，多少人看直播，一怒之下上演家暴，内心得有多浮躁！也许这个年代浮躁是活着的标配，但是比浮躁更可怕的是浮浅。因为浮躁显露在外，一眼就看到。浮浅呢？可不是那么容易发现。我曾经忙忙碌碌，连上厕所的时间也用来发邮件，把手机当作电脑修改一起show的文章！一年下来确实有了不少单子成交，可是我的文案水平始终就那样，干了两年还是个文员，后来看到《深度工作》这本书，突然明白有一种忙碌是浮浅的忙碌，简单的忙碌，随时都可被取代的忙碌。

——《为什么你每天忙着精进，却还是个低品质勤奋者》（余老诗简书2017.11.6）

  这个开头就是根据上文的三步走方法写作的。接下来，跟大家分享四个写好开头的技巧。

## 1.5.3 写好开头的技巧

  懂了原理，有了方法之后，我们还要运用一些恰当的技巧来帮助我们写出一个比较好的开头。

## 1. 设置悬念（如图1-25所示）

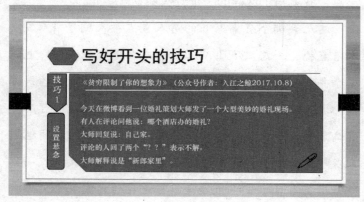

图 1-25

我们都知道，一篇文章的开头如果能够设置一个悬念，就能吸引读者一直读下去，直到这个悬念明了为止。

公众号作者入江之鲸于 2017 年 10 月 8 日写的一篇文章，题目叫《贫穷限制了你的想象力》。它的开头是这样写的：

今天在微博看到一位婚礼策划大师发了一个大型美妙的婚礼现场，有人在评论问他说：哪个酒店办的婚礼？大师回复说：自己家。评论的人回了两个"？？"表示不解。大师解释说是"新郎家里"。

你看它这个开头，就非常巧妙地设置了一个悬念。

首先，它告诉我们有一个非常美妙的大型婚礼现场，发在微博上了。然后，就有人问他是哪个酒店办的，这么豪华，这么美妙。大师就回复说是自己家里，评论的人就表示很不解。大师就解释说是新郎家里。这样一来，我们读者就更加觉得疑惑了，究竟怎么回事？如此大型美妙的婚礼现场，怎么可能是家里呢？到底是怎么回事？读者脑海里面产生了一个个疑问，这要读到下文才能解开。设置悬念的方法运用得好，可以起到非常吸引人的作用。

2. 提出问题（如图1-26所示）

图 1-26

我们也来举个例子。这篇文章，是简书作者一只西城写的，题目叫《2018，清理朋友圈，做一个有价值的人》。开头是这样写的：

新年伊始，在各大社交软件上，我总共收到几十条群发的新年祝福。在每个社交平台上，我都会把消息列表从上拉到底，试图找出一条祝福是原创的。但我失败了。看到这些类似的祝福，我开始反思。现在科技日新月异，一切东西好像都在贬值，是不是连感情也变得廉价了？雷同的祝福，批发的心意，难道网络时代的感情都必将沦为点赞之交吗？

你一定发现了，这个开头就属于比较典型的"提出问题"。这个问题是什么呢？这些雷同的祝福语、批发的心意如此相似，是不是我们网络时代的感情交流都会变得这么廉价，都成为一种点赞之交。这也引起我们读者的思考，接下来读者就希望通过阅读文章来得到这个问题的答案。

## 3. 描述场景（如图1-27所示）

这儿选了一个例子，是一位公众号作者——胡辛束，他于2018年1月1日写的一篇文章，题目叫《我们为什么会分手？》它的开头是这样写的：

相爱的人为什么会分手？那些失恋的人抱着一颗被车轮碾碎的心，在辗转难眠的午夜，在酩酊大醉后的街头，对着城市的夜晚叹息，思考"我们的感情到底是哪里出了问题"。

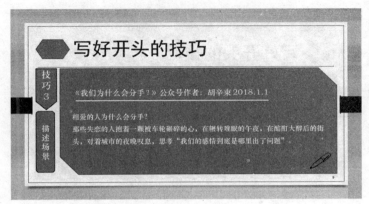

图 1-27

这个开头就描述了失恋的人通常会是一个什么样的场景。比如在辗转难眠的午夜，在酩酊大醉后的街头，然后对这城市叹息，同时似乎在思考着一个问题。

这个场景是我们经常会在电影、电视或者现实中看到的场景。通过这个描述，能引发我们读者的感同身受。于是，因为有了这种感同身受，我们就愿意跟着读者一起走下去，直到主要意思、核心观点出来，我们才会罢休。

这就是描述场景能起到的巨大作用。接着我们再来谈一谈写好开头的技巧四：简述故事。

## 4. 简述故事（如图1-28所示）

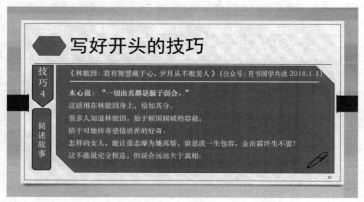

图 1-28

公众号有书国学共读在2018年1月1日发的一篇文章，题目是《林徽因：若有智慧藏于心，岁月从不败美人》。

它的开头是这样写的：

木心说："一切出名都是源于误会。"这话用在林徽因身上，恰如其分。很多人知道林徽因，始于倾国倾城的容貌，陷于对她传奇感情世界的好奇。怎样的女人，能让徐志摩为她离婚，梁思成一生包容，金岳霖终生不娶？这不能说完全捏造，但误会远远大于真相。

用非常简洁的语言，概述了林徽因一生跟情感有关的故事，比方说徐志摩为她离婚、梁思成一生包容、金岳霖终身不娶。故事也能够引起我们读者的兴趣。非常有名的人会跟林徽因有关，这个故事怎么不会激发我们的阅读兴趣呢？

简单地来回顾主要内容：开头有三大作用，定基调，激兴趣，引下文。写好开头的三步走的方法：

- 第一步，根据文章的类型来确定开头的形式；
- 第二步，依据文章的主题来确立开头的内容；
- 第三步，选择合适的素材，安排开头的结构。

写好开头的四大技巧：设置悬念，提出问题，描述场景和简述故事。当然，除此以外，有很多写好开头的技巧，我们可以通过阅读文章和学习来获得。再好的方法，再好的技巧，如果离开了实践，我们都难以掌握。只要功夫深铁杵磨成针。多读多写多总结，你的文章也能开挂。

## 1.6　中间这样展开，丰富又多彩

有人说，做人、做事、写文章，最难的是过程。一篇文章的中间，如何有料，有趣，有滋味？我们一起来谈谈文章中间展开的逻辑，为什么这篇文章这样展开，那篇文章那样展开。

### 1.6.1　文章中间展开的逻辑

如图 1-29 所示，文章的展开逻辑，我把它总结为三个方面。

第一个方面就是看文体。什么叫看文体？就是我们动笔写文章时可以问问自己，我写的这篇文章，是属于实用型的实用类文章，还是一篇非常有趣的娱乐性文章，或者是一篇具有审美属性的文艺范文章。哪些是审美属性的文艺范文章？比如小说、散文、诗歌等。

那为什么要看文章的类型？因为文章的类型，可以

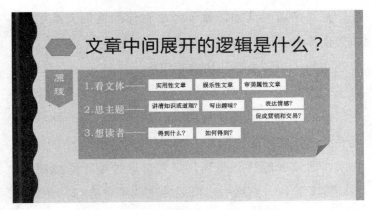

图 1-29

帮助我们根据文体特点来确定中间部分展开的逻辑思路。比如实用类的文章,我们通常要考虑,在中间部分先讲清楚是什么,接着讲清楚为什么,最后再讲明白怎么办。这样,才能让读者读有所获。如果是一篇散文,中间部分通常要告诉读者某件事、某个人、某个物或者某种情理,以及读者从我的文章当中能够欣赏到的某种美感,某种情理,你看这就是看文体这一条逻辑。

第二大逻辑就是思主题,即思考文章的主题。主题,也就是文章的中心。那么我们通常要思考哪些主题?比如一篇实用性的文章,我们通常要思考,你是要讲清楚一个什么样的知识或道理。这个知识或道理是你要告诉给读者,要分享给大家的一种"干货"。

尤其是新的认知，就要考虑在你的这篇文章里面，如何让读者在已有的认知上去接受新的认知，重点是搞清楚新的认知又由哪几块内容组成。这就是你文章展开的一个逻辑。

如果文章主题是要写出某一种趣味、某一种乐趣，就要考虑在文章的中间部分如何把这种趣味一步一步化开来，让读者能够感受到。是先把这种趣味隐藏起来，不让读者看到，然后引出所要传达的那种趣味，还是说从一开头就渲染出那种趣味来？这些都会涉及文章中间如何展开的问题。

思主题的第三个方面就是要表达什么样的情感。是一种尊老爱幼的、你个人的友情，还是关于爱情方面、婚姻方面的情感等。不同的情感，展开的逻辑就不一样。有的情感是需要从我们有切身体会的实际案例来展开，而有的情感可以借助故事和读过的文章来展开。

商业类文案，它的主题，或者说它的写作目的是要促成营销和交易。通常要考虑产品，或者提供的服务对于用户来讲有什么好处，展开的过程就是要把这个好处让目标用户清晰感知到。

第三大逻辑是想读者。想读者的什么呢？比如，读者从我的文章里面能够得到什么？如何得到？这是文章中间如何展开的一个很重要的因素。

如果读者是从一篇文章得到一种娱乐的快感,觉得很好玩,那文章中间展开时要重点突出怎么好玩;如果读者从文章要得到的是关于一种实用性的知识,那文章的中间部分就要分步骤、分模块让读者得到知识。下面结合一个具体的案例谈谈文章展开的逻辑。如图 1-30 所示。

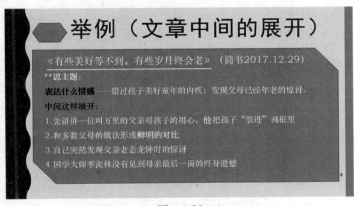

图 1-30

这篇文章是我在 2017 年 12 月 29 日写的,题目叫《有些美好等不到,有些岁月终会老》,发表于简书。

这篇文章展开的逻辑,主要是"思主题"。有两个主要方面:一是错过孩子美好童年的内疚之情;二是发现父母已经年老的惊讶之情。根据这个主题,中间是这样展开的:

- 第一步,先讲讲一位叫万里的父亲对孩子的用心,他把孩子"装进"画框里,以艺术的方式来保留孩子的童年。
- 第二步，和多数父母的做法形成鲜明的对比，让大家认识到其实孩子童年有很多美好被我们忽略掉了。
- 第三步，自己突然发现父亲老态龙钟时的惊讶，表达内心当中无比的震惊。
- 第四步，写国学大师季羡林没有见到母亲最后一面的终身遗憾。

中间就是通过万里父亲的用心，和普通父母的做法对比，以及写自己发现父亲的老态和国学大师季羡林的终身遗憾这四个方面，充分展开，表达一种情感——有些美好等不到，有些岁月终会老。

## 1.6.2 文章中间展开的方法

了解了中间如何展开的原理之后，我们就可以来总结如何展开中间部分的方法了，如图 1-31 所示。中间如何展开的方法其实也不难，可以分为三步走：第一步，根据文章的类型确定中间展开的逻辑；第二步，根据第一条的逻辑选定你需要用的材料，因为中间要展开，肯定需要有足够的材料才行；第三步，根据文章的主题思考材料的写作角度。

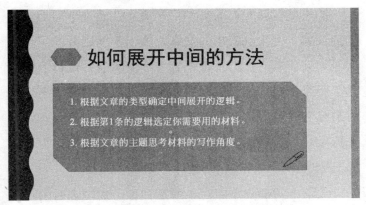

图 1-31

为了让大家更好理解,还是通过一篇文章来具体说说。看一下我在 2017 年 8 月 6 日发表在简书上的文章,题目叫作《蝉声悠悠忆童年》。如图 1-32 所示。

图 1-32

首先要根据文章的类型——散文,确定中间部分展开的逻辑。因为是叙事的文章,所以中间展开的逻辑其实是如何叙事。然后,根据叙事的逻辑进行选材,重点选了两个材料,第一个材料就是在梨树林捕蝉,第二个材料是在渠道坎上捕蝉。再根据主题,忆童年,确定写作角度——描写蝉声和孩子们捕蝉的可爱情形,突出回味无穷。

文章中间部分重点写了蝉声和孩子们捕蝉时的可爱情形,尤其是作者自己捕蝉时的独特感受和体验。这里节选描写蝉声的一段文字:

"知了——知了——"蝉鸣声由远及近,由弱及强。刚开始,尚为孤家寡人,孤叫独鸣,似一个落寞的埙手独奏无言的寂寞;后来,各种乐手齐聚一堂,悠扬、急促、清吟、喧浊……互相比试,各不示弱,成了一支无人指挥的大型乐队。

大家可以发现,中间展开的部分用了描写的手法,重点描写蝉声。这是为什么呢?在叙事的过程当中,要突出主题——回忆童年的美好,而蝉声可以突出当时童年的无穷乐趣。知了声在脑海留下深刻的印象,突出了童年的美好令人回味无穷。

讲完了方法,我们再来讲讲中间展开的技巧。

### 1.6.3 文章中间展开的技巧

第一个叫作拆分小标题,如图 1-33 所示。

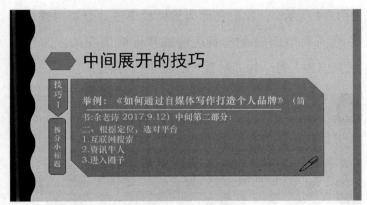

图 1-33

这种技巧通常用于一些干货类的文章,也就是实用类的文章。以我 2017 年 9 月 12 日发表在简书的文章《如何通过自媒体写作打造个人品牌》为例。中间第二部分,我节选出来,是这样来拆分小标题的:

小标题的题目是"根据定位,选对平台",其中有一个关键词叫作平台,我对这个平台进行了拆分,把它分为:(1)互联网搜索;(2)资讯牛人;(3)进入圈子。

大家可以发现,为了把第二部分中间展开,拆分了小标题中的关键词"平台"。平台可以是互联网,也可以是很多牛人在一起的地方,还可以是圈子。这样一来,平台的内容就被细分为三块,中间就得到了有效地展开。

接下来给大家分享中间展开的第二个技巧(如图1-34所示)。我把它称为借助故事法。很多时候,文章是需要借助故事来表达情感和讲清道理的。为什么呢?因为人是一种非常喜欢听故事的动物。

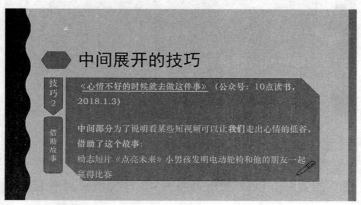

图 1-34

举个例子来说,比如公众号"十点读书"1月3日发表了一篇文章,《心情不好的时候就去做这件事》。它中间部分为了说明看某些短视频可以让我们走出心情的低谷,借助了这个故事——励志短片《点亮未来》。这个小故事,讲述了小男孩为他的朋友发明电动轮椅,然后和他的朋友一起赢得了骑电动车比赛的胜利。

所以，可以打这样一个比方，如果文章中间没有有效展开，它就像一个面团一样紧缩在一起。我们要通过各种各样的方法，让这个面团发酵，从而使它有蓬松的口感。小结一下。

首先，我们讲了文章中间部分展开的逻辑有三种：一个是看文体；二是思主题；三是想读者。

其次，文章中间展开的方法，分为三步走：

- 第一步，根据文章的类型确定中间展开的逻辑；
- 第二步，根据第一条的逻辑选定你需要用的材料；
- 第三步，根据文章的主题思考材料的写作角度。

最后，分享了文章中间展开的两个技巧，第一个是拆分小标题，第二个是借助故事。相信只要大家用心读书看文，用心总结，还能发现更多更好的展开技巧。

## 1.7 写好结尾

咱们中国人做事讲究善始善终,一篇文章也一样。说起结尾,我们很多朋友可能会觉得一篇文章写完了不就结尾了吗?其实并不是这么简单,文章结尾如果写不好,可能会让你事倍而功半,甚至前面的努力都付之东流。如何才能写出一个有感染力,让读者印象深刻甚至产生转发欲的结尾?

### 1.7.1 好结尾的效果

从原理上来说,一篇好的文章应该满足读者某些阅读需求。如图1-35所示,可以从三个方面来讲。第一,让读者产生心理认同的感觉。"嗯,是的,的确是这样";第二个,得到一种情感释放。"看完了好过瘾,或许我想哭也想笑";第三,得到一种认知提升。"看完文章,噢,原来如此!明白了。"这都是满足读者的阅读心理。

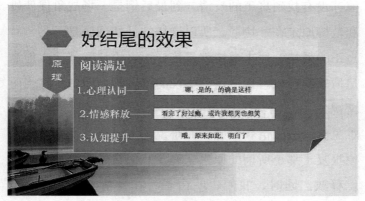

图 1-35

著名的爱情小说《倾城之恋》(作者张爱玲),它的结尾是这样的:

香港的陷落成全了她,但是在这不可理喻的世界里,谁知道什么是因什么是果,谁知道呢,也许就因为她,要成全她,一个大都市倾覆了。成千上万的人死去,成千上万的人痛苦着。跟着是惊天动地的大改革。流苏并不觉得她在历史上的地位有什么微妙之点,她只是笑盈盈地站起身来,将蚊香盘踢到桌子底下去,传奇里的倾国倾城的人大抵如此。

你看,这个结尾,就能满足读者的阅读心理。首先让我们产生某一种心理认同。的确,这久经爱情考验、世态炎凉的流苏，最终也没能逃脱悲剧性的结局。因为流苏没有找到真正的爱情，到最后倒是一场战争促使她和范柳原走在一块了。所以这样的爱情到底是不是一种真正的爱情？原来爱情就是这样不可思议。其次也能满足情感的释放。读过这篇小说的读者都会明白，在当时情况之下，白流苏被她的原生家庭所厌弃，读者内心难免有一股同情和愤懑。而小说结尾，流苏借助于范柳原报复了那个所谓的原生家庭。我们读者内心的情感得以释放。同时，我们也明白了，在爱情当中，每个人只有不断使自己变得强大才能够得到真正的一种心理上的平衡。

那么，写出好结尾的方法又是什么呢？

## 1.7.2 写出好结尾的方法

如图1-36所示，从三个角度来考虑。第一，就是根据全文的内容来确定结尾的表达重点。是要表达情感，还是阐述思想，要根据全文内容来确定。第二，根据全文的结构来明确结尾的表达形式。总结升华，还是照应开头，这是要根据全文结构来明确的。第三，根据文章的主题来选择结尾的表达技巧。我们来举个例子，还是那篇《蝉声悠悠忆童年》。

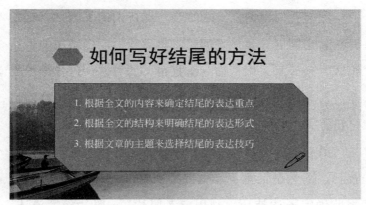

图 1-36

如图 1-37 所示，先根据文章的内容——回忆童年，来确定表达重点——回忆美好的童年。但这种美好终将远去，由此来引发某一些情感。

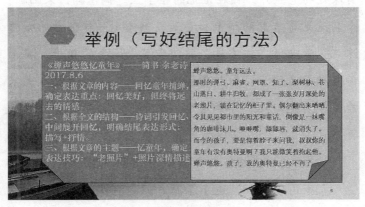

图 1-37

然后我们根据全文的结构，以诗词引发回忆，这是开头；中间展开具体的回忆。然后我们明确结尾的表达形式，最好是采用"描写＋抒情"的方法。这样才跟文章开头和中间相匹配，加深和强化我对童年的美好回忆之情。

最后根据文章的主题，也就是忆童年来确定表达的技巧。既然是忆童年，就要把回忆的滋味给渲染出来，因此确定表达技巧，利用"老照片"＋照片深情描述。具体内容是这样的：

蝉声悠悠。童年远去。那时的弹弓、麻雀、网罩、知了、梨树林、苍山落日、耕牛归牧，都成了一张张岁月深处的老照片，锁在记忆的柜子里。偶尔翻出来晒晒，令其见见都市里的阳光和童话，倒像是一抹嘴角的咖啡沫儿。咂咂嘴，舔舔唇，就消失了。而今的孩子，要是仰着脖子来问我，叔叔你的童年有没有奥特曼啊？我只能微笑着抱起他。蝉声悠悠。孩子，我的奥特曼已经不再了。

——《蝉声悠悠忆童年》（余老诗 简书 2017.08.06）

大家可以发现，这个结尾，就是老照片加描述，深情的描述。

前半部分是以老照片的方式,把文章中间的内容加以总结,然后定格为一张老照片。后面就对这张老照片,展开深情的描述。这就是表达技巧;从表达的形式上来看,是描写加抒情。情感是蕴含在字里行间的。表达重点就是,美好的童年已经远去,它已经不在了,但我对它依然有一种深深的回味。

### 1.7.3 写出好结尾的技巧

接下来,我们谈一谈写好结尾的几个技巧。如图 1-38 所示。

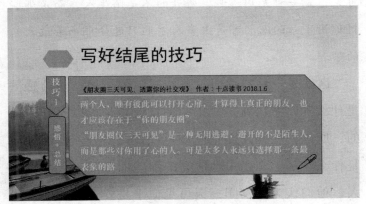

图 1-38

1. 感悟+总结

这样的技巧在我们很多互联网文章中，尤其是爆款文章里经常会看得到。我们去看一看公众号"十点读书""一直特立独行的猫"等，就会发现他们经常会用到这样的结尾技巧。

我们来看十点读书在 2018 年 1 月 6 日发表的一篇文章《朋友圈三天可见，透露你的社交观》，它的结尾是这样的：

两个人，唯有彼此可以打开心扉，才算得上真正的朋友，也才应该存在于"你的朋友圈"。"朋友圈三天可见"是一种无用逃避，避开的不是陌生人，而是那些对你用了心的人。可是太多人永远只选择那一条最表象的路。

这就是一种"感悟＋总结式"的结尾。他的感悟是什么呢？感悟就是真正的朋友应该是可以打开心扉的。所以，在朋友圈也应该可以彼此敞开。他的总结是什么？是上文当中他所写的那些朋友圈三天可见的人，他们认为朋友圈三天可见似乎是安全的，但其实作者认为那只是走了一条表象的路，事实上是伤害了对你用心的人。

## 2. 总结+几点干货

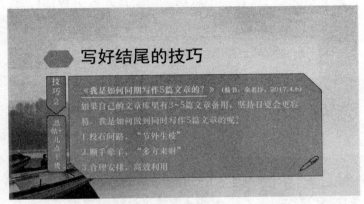

图 1-39

很显然,这样的结尾方式,非常适合干货类文章,或者说实用类的文章。以我自己的一篇文章为例。2014 年 4 月 6 日发表在简书的《我是如何同期写作 5 篇文章的?》,这篇文章的结尾是这样的:

如果自己的文章库里有 3~5 篇文章备用,坚持日更会更容易。我是如何做到同时写作 5 篇文章的呢?

投石问路,"节外生枝"

顺手牵羊,"多方来财"

合理安排,高效利用

大家可以发现,这篇文章的结尾方式,就是总结全文加上几点干货。"如果你素材库里备有 3~5 篇素材型文章,那么坚持日更就比较容易,我是如何做到同期写作5篇文章的?"这是一个总结。后面是几点干货,1、2、3,3点干货。最后,我们再来看第三个技巧,我把它称为"佳句+感悟"。如图1-40所示。

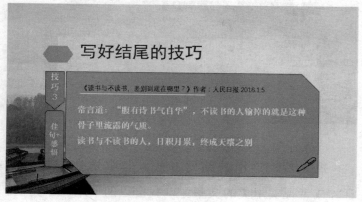

图 1-40

### 3. 佳句+感悟

公众号"人民日报"2018年1月5日就发表了这样一篇文章,《读书与不读书,差别到底在哪里?》。

它的结尾是这样的:

常言道:"腹有诗书气自华",不读书的人输掉的就是这种骨子里流露的气质。读书与不读书的人,日积月累,终成天壤之别。

这段话,首先就引用了一句诗词——"腹有诗书气自华"。然后再谈自己的感悟：不读书的人输掉的往往是骨子里流露的气质；读书跟不读书的人，经过长时间的日积月累，终成天壤之别。

大家可以发现，其实这里所谓的佳句，可以用自己的金句来代替。这样的结尾，就给人感觉非常有分量，有质地感，同时也能够打动读者的内心，给读者留下深刻的印象。

第 2 章

# 在互联网码字就是新媒体写作吗

chapter 2

这几年，新媒体平台如雨后春笋般不断地涌现出来。不少爱好写作的朋友，纷纷利用自媒体或者新媒体平台进行写作，分享自己的知识、经验和独特的阅历等。一方面，通过写作不断提高自己的思维能力和表达水平；另一方面，只要掌握正确的方法，也能通过新媒体写作实现知识变现。在加入各种写作的大军之前，我们有必要进一步认识一下新媒体写作。

## 2.1 什么是新媒体写作

想起读中学时，一帮乳臭未干的臭小子人手一支烟，在校园围墙外一字儿排开——凹造型！觉得自己特爷们，特成熟。后来才明白，那只是凹了一回造型，仅此而已。

真正的成熟，绝不是靠一支烟、一个造型装出来的。

是内在的稳重与淡定,是腹有诗书气自华,是宠辱不惊、悲喜不动容。绕了这么大一个弯,我究竟要说什么呢?题目摆在那儿,如果只在乎互联网码字,那是凹造型,离新媒体写作还有很远的距离!

## 2.1.1 有没有形成分享、传播

很多朋友每天都会看微信朋友圈。朋友圈的消息就像是长江后浪推前浪,一波接一波。如果从内容的价值角度看,良莠不齐,五色杂陈。但是从另一角度看,它很好地证明了新媒体的特征与魅力。

马克·波斯特的《信息方式》里有这样一段话:

虚拟现实的整个情形就是你正在与他人一起营造一个现实,你一直都在做一个与他人分享、合作的梦……说到底,它把你的想象体现出来,而且你的想象与他人的想象汇合在一起,你使得这一世界完全成为一种交往的形式。

马克·波斯特所谓的虚拟现实就是基于互联网的一种交往方式。新媒体写作与互联网有着千丝万缕的联系。正是借助互联网的技术,新媒体写作才得以显示出自己的种种魅力。

首先是分享。据说张小龙在设计微信这款产品的时候，就是瞅准了人性当中人具有自我"标榜"、自我分享的欲望。

如果要问新媒体写作与传统媒体写作的区别，我觉得最重要的一点就是，新媒体写作具备分享更及时、传播更迅速的特点，这是首屈一指的。

如果要打个比方来说，传统媒体写作好比是邮递员送报纸，单线操作，速度慢；新媒体写作呢，如同QQ邮箱群发邮件，多点互联，速度快、效率高。分享与传播几乎是同步展开的。新媒体写作的无穷魅力就在于此。

## 2.1.2 有没有形成良好互动

有朋友也许会问，又不是做节目，写文章也要互动吗？这就要谈到新媒体写作的第二大特点了——互动。为什么写作也能互动？

新媒体写作方式是由媒介特点决定的。在哪写？计算机和移动设备（如手机上）。是不是随时随地，只要你愿意，都可以写？答案是肯定的，而且电子稿内容（包括图片、文字、语音等）都是可以修改、更换的。同时，因为互联网的链接，读者可以随时参与你作品的阅读。美国文艺理论家艾布拉姆斯的《镜与灯》最大的贡献在于发现了文学活动的四要素。如图2-1所示。

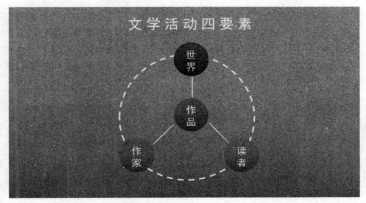

图　2-1

通过这张图，我们明白，新媒体写作是以作品为核心，连接着作者（作家）、读者和世界。成为读者阅读的对象，作品才是真正意义上的作品。好比是生产衣服的厂家，在车间制作衣服，这时的衣服只能叫产品，不能叫商品。因为没有跟顾客产生真正的关联。

衣服（产品）进入商场、超市、专卖店，顾客上门试穿、询价、购买，此时才叫商品。我们在自媒体写文章也是这样。你看，简书有个功能——"私密文章"。这是留给作者自己的私密空间。

你在这里写文章，不公布，文章就是你个人的"私有财产"。不跟读者产生关系，也不会有人来评论，你也无须操心回复的问题。

你把私密文章公布，投到合适的栏目，让众多读者来读；读者中间有一部分人会留言、评论，你也有针对性地回复，这就形成互动。好比是衣服卖出去了。此时此刻，你的文章才叫作品。

良好的互动，是新媒体写作的重要特征之一。新媒体天生就有互联网的基因。在《新媒体写作论》（何坦野著）中，新媒体被表达为"开创性地提供了一个没有边际的横向信息联系平台，以及一个没有中心的娱乐休闲性的意见表达平台。"

以微信为例，朋友圈就是一个极好的意见表达平台，横向信息联系让每一个人，不论男女老少都有机会与其他人互动。我同事的侄子才 6 岁，就已经学会在朋友圈晒生日礼物，表达自己满满的开心。新媒体写作的互动性，让你我的世界不再孤单。

## 2.1.3 有没有形成一定影响力

有人形容新媒体的力量就像"原子弹爆炸一样"，具有连锁、滚动效应。《新媒体写作论》认为"由于新媒体改变了以往网络以知识为主的传播方式和手机单纯信息传递方式，让每个参与者既是信息知识的消费者又是信息知识的创造者，由此带来了客观的经济价值和庞大的新媒体文化产业。"对于我们个体而言，新媒体写作可以带给个人一定影响力。如图2-2所示。

图　2-2

## 1. 个人品牌

不要以为你不是明星，就没有品牌。事实上，我们每一个生活在社会中的人，都会在他人心目中留下一定的印象。他人给出的认知评价就是一种品牌价码。有人预言，21世纪个人职场竞争的核心就是个人品牌的竞争。

举个很简单的例子。同样是HR，同样工作出色，一个经常利用写作分享自己的工作经验，是有名的领英专栏作者，一个是勤勤恳恳、任劳任怨的单纯职员。这两个人，谁更容易被人认识，被人记住呢？很显然，那位同时是领英专栏作者的 HR,更容易脱颖而出。因为他树立了个人良好的品牌。

2. 职位溢价

时下,同岗不同酬的现象已经不是什么稀罕事。除了工作能力、工作量、工作绩效的原因外,还有什么原因呢?

有一位保姆,她曾经给一位名人带孩子,尽心尽职,表现突出,深得这位名人的推崇。当这位名人把保姆推荐给朋友的时候,她就获得了溢价的空间,比起市场上陌生的保姆,她具有更好的信誉度。

同样,拥有写作优势的人,可以通过写作,分享经验、传播价值、帮助他人,获得职位溢价也是情理之中的事。

3. 知识变现

每个人都有自己的价值和优势,尤其是掌握专业知识的人才。互联网和新媒体给我们一个让更多人分享知识、传播经验的舞台。

分享的形式可以是演讲、培训或问答。毋庸置疑,写作是其中最为重要和有效的强大武器。实际上,公众号、微博和一点资讯等新媒体平台,都赋予优质内容提供者变现的机会。写作，作为知识输出的重要形式，流传广、传播深，有谁能够熟视无睹呢？

### 2.1.4 如何让互联网码字成为新媒体写作

既然在互联网码字，不一定属于新媒体写作。那么我们就要进一步思考，具备了哪些条件，才能使自己的写作真正成为新媒体写作。

我们从以下几个方面来具体谈谈。

#### 1. 正确分享

选对分享对象。把对的东西给了错的人，还是错了。对的人，就是真正有需求的人。每一个新媒体写作者都是一位天使。天使的使命就是守护好自己的岗位。新媒体写作道路上，要善于做一位正确分享的天使。

选对分享时间。不同的读者群体，阅读习惯也不同。只有选对分享时间，才能事半功倍。

#### 2. 保持互动

要像经营品牌一样，经营好你与读者的关系。而保持必要的互动，是经营关系极为重要的一环。顾客是上帝，这句话并不陌生。但如果说，读者是上帝，很多朋友估计都会跳起来了。我手写我心，关读者什么事呢？

是啊。假如你的写作仅仅是一种自我表达的兴趣，那么我就闭嘴了。可是你写了，而且拿到新媒体上来发表，甚至你还想得到很多人的认可和赞许。那么对不起，我们要学会保持互动。互动不仅是对读者的尊重，更是新媒体写作的重要一环。文章的价值由作者和读者共同决定。

### 3. 明确方向

朋友们都见过孩子玩搭积木吧。有没有见过东一块，西一块，毫无关系乱搭，最后居然搭出一座城堡的？没有吧，因为要形成城堡的力量分散了。新媒体写作，要形成效应，必须看准一个方向，然后持续在这个方向写作，每一篇文章都像是一块砖，逐步累加，最终形成心目中的城堡。

### 4. 优化写作

说到底，新媒体写作也是靠内容存活的。形式和技巧再好，如果内容的品质不过关，无法引起读者的认可，互联网码字就真成单纯码字了。

如何持续写作优质内容，满足读者的阅读需求，并且不断收集各种反馈信息，从读者的意见和建议中发现自己的不足，优化写作，已成为每一位新媒体写作者任重道远的任务。当你足够爱它，任务就不再是任务，而是你的习惯和需要。

## 2.2 从"互联网+"到"写作+"

"写作+"是怎么回事?"互联网+"和"写作+"有啥关系呢?看到题目,是不是有些"扯"的感觉?可是我写的这篇文章,可以证明我并没有扯。不仅如此,我还想和大家探讨一下,面临"写作+"的风生水起,我们该做些什么。

### 2.2.1 为什么提出从"互联网+"到"写作+"

"互联网+"已经上升到国家战略层面,大家对此耳熟能详。当然,对"互联网+"的认识,是随着探索和实践的深入而不断得到提升的。

现在有不少知识大咖(或称知识IP),开始在互联网平台分享自己的专业知识、成功经验和实践技能等,让他人受益的同时,也实现自身价值的最大化。

分享知识的方式多种多样，如语音、视频、文章和图片，等等。其中，写作（文章）是一种极其重要的方式。

以简书平台为例，除了文学层面的小说、散文和诗歌写作，还有各行各业的笔者都在发表各自领域的知识类文章。例如，手绘、职场、设计、计算机程序、美食、教育和二次元，等等。

类似的，"知乎"平台的有问有答，微博平台的各种分享，微信公众号的各类文章，"得到"语音节目相对应的文稿内容，都离不开写作。

你应该看出来了，其实互联网平台的各类知识分享都是通过"写作+"的方式得到实现的。从这个角度来看，各行各业要真正实现"互联网+"，或多或少都离不开写作。

举个比较极端的例子，某个餐饮店只通过移动互联网来实现点餐，其他功能一概放在线下完成。即便如此，餐饮店介绍、菜品说明等依然需要写作。可以说，"写作+"模式是各行各业实现"互联网+"的必备手段。

## 2.2.2 "写作+"会带给我们什么

具体来说，各行各业借助互联网平台，通过"写作+"，究竟能带给我们什么呢？对于个人来说，至少意味着以下 3 个方面的好处。

### 1. 更低的品牌宣传成本

如果你是个商业人士，那么通过"写作+"的模式，能获得更低的品牌宣传成本。

与传统的电视广告、灯箱广告、展板广告及企业（或产品）宣传片相比，在互联网上写作软文，并选择精准的平台发布，有其独特优势。如制作成本相对较低，分享方便，便于深度展示等。

### 2. 帮助个人成为超级个体

从简书写作开始，走上知识创业的典型例子就是彭小六。为什么一个程序员兼项目总监能实现跨界创业成功呢？

原因是多方面的。但善于借助"写作+"模式，是其中一大重要因素。

著名职场培训师古典老师提到"超级个体"这个说法。我想，这是基于很多业内人士对趋势的一种预见。

直播可以一夜走红。"写作+"未必能实现，但威力不在一时之间。古人说的"立功、立言、立德"（三不朽），就有写作的分。

比起那些一时之间能够声名鹊起的做法，写作需要沉淀、积累以及付出更多时间和精力。不过，一旦形成个人品牌优势，成为超级个体也就水到渠成了。

### 3. 知识变现更快捷、更高效

有消息称，微信公众平台将考虑推出付费阅读。这不仅是对知识服务者辛勤付出的肯定和尊重，还是促进互联网知识生产、传播和消费走上良性循环，形成健康生态的必经之路。另外，以"写作+"的模式来实现知识变现，具有便捷、高效的特点。

自古以来，得到知识都要付费，无论是教育、出版，还是民间的师徒经验传授，无一例外。今天，不少线下的知识服务都搬到了线上。实质还是一样，并没有发生根本性的变化。互联网以其时空灵活性，传播高效等特点，必将促进"写作+"的知识变现。

## 2.2.3　面临"写作+"，我们该做些什么

有人说这是个最好的时代，因为每个人都有机会做最好的自己。移动互联网的普及，让每个个体都有可能实现自己的价值最大化。面临"写作+"带来的巨大机遇，我们该做些什么？首先，要重新看待写作的力量。

曹丕曾在《典论·论文》中提出："盖文章经国之大业，不朽之盛事。"古人尚且能够看出写作带来的巨大能量。我们今天能够借助互联网的优势，更应当看重写作，发挥其威力。

思想指挥行动。观念对了，路才能走对。你可以不会写作，但你要懂写作。你可以不是作者，但你应该认识写作的高手，让他们发挥优势，为你所用。

其次，要发挥好"写作+"的威力。无论你是什么职位，都可以利用写作，发挥"写作+"的威力。古典老师曾经引用施恩教授的"价值观坐标系"来说明未来职场的变化。衡量个人价值的传统标准，通常是企事业单位中所处的职位；未来呢？由于互联网带来社会生态的深刻变化，个人的价值由能力、圈子和行业影响力决定。那么，如何打造个人的圈子、行业影响力呢？

显然，知识、专业能力、工作经验加写作，就是一条非常重要的路径。随着移动互联网的普及，越来越多的人习惯在网上生活、学习。只要你足够优秀，通过"写作+"模式，就可以为成千上万的网民服务，创造更大价值，最终也成就自己。最好的时代，努力做最好的自己。让"写作+"铸就明天更好的你！

# 第 3 章

# 把好方向盘：你的自媒体写作走对高速路了吗

chapter 3
<<<

认识了新媒体写作之后，接下来最重要的一件事是认识自我。众所周知，人要认识自己并不是一件很容易的事。尤其在新媒体写作的道路上，我们要找到新媒体写作的方向和定位需要花费一番心思。本章内容就和大家谈谈如何才能正确认识自我的写作优势，怎样找到方向和定位。

## 3.1 我的新媒体写作优势在哪里

喜欢登录微信那一刻，可以看到的一句话："再小的个体，也应该有自己的品牌。"张小龙啊，你太了解这个时代平民个体的内心需求了！马斯洛需求层次理论指出，人都有自我实现的需求。在自我价值面前，人没有贵贱尊卑的区别，再平凡再渺小的个体也有追求自我实现的权利。

如同百花园中的各色花儿，虽然品种各异，习性不同，但待到春风春雨滋润万物，暖阳普照，就可以"阳春布德泽，万物生光辉"。各有各的美丽，各有各的娇艳。

生命本如此。作为万物之灵的人类个体，何尝不应散发自己与众不同的光芒，在自己的生命旅程中播撒绚丽与芬芳。自媒体时代，写作给了我们每个人用文字舞蹈的机会。

无论我们过去是妙笔生花，还是笔拙语迟，今天都可以大胆挥毫，书写人生。不过，如果不明白自己的优势在哪里，就不知道在哪里发力。好比是淘金之人，没有勘明方位，到处乱撞，白白耗费时间精力。相反，如果能在动手之前，好好勘测方位，找对位置，那么接下来的每一个动作都会带来积极效应，最终量变引起质变。

写作也是如此，找到自己优势，而后发力，就能积累力量，形成势能。例如，打造出个人品牌，聚合成作品系列，或者成为某领域知名作家。我们把这种能带来质变的写作称为"增量式"写作。如何突破某些障碍，找到自己的优势呢？

### 3.1.1 跳出自己的世界看自己

不识庐山真面目,只缘身在此山中。没错,我们发现不了自己的写作优势,多数是因为我们处在自己的世界里。我们接受的传统教育,告诉我们要谦虚,应低调。导致一谈自己的优势,就会说,哪有啊?我不如你。我还需要进一步学习才行。所以你不是没有优势,而是你没有勇气发现自己的优势。

跳出自己的世界,正是为了重拾这份勇气。有了这份勇气,你就能大胆寻找,积极审视自己的优势了。专业知识、工作经验、兴趣爱好、生活阅历及读书感悟,都可能成为你的写作优势内容。

### 3.1.2 走进读者的世界看读者

正如我们不善于发现自己的优势一样,我们也常常自认为很了解对方。提起笔来写作,心中想的是要表达自我。正所谓我手写我心。好不容易站在读者的角度看问题了,我们会觉得读者一定是这样想的。

你敢不敢承认,自媒体时代读者是上帝?姿态转变了,我们才能真正走入读者的世界里。当你还没放下自己作者身份的时候,你看到的读者无非是对面的读者。

怎么办？先放下自己的作者姿态。然后走到读者的位置上，去感受、体会、思考。就像那句歌儿一样，快乐着你的快乐，悲伤着你的悲伤。这样，我们才真正知道读者需要什么。

### 3.1.3 站在自己和读者之间找交叉

新媒体写作的最大制约因素，不是自己文笔的好坏，也不是写作方法的优劣，而是我们写的东西对于读者有什么价值和意义。

- 第一步，跳出自己的世界看自己。你所找到的优势，还只能算是可以用来自娱自乐的"亮点"。
- 第二步，走到读者世界里看读者。我们会发现读者的真实需求。
- 第三步，就是要把读者真实的需求和自我优势来一次交叉，找到两者互相重叠、吻合之处。

这才是我们要去发力的真正优势！在新媒体写作的大路上，但愿每一位小伙伴都能真正找到自我优势，发挥自我独特才华，最终实现自我价值。

## 3.2 如何结合读者需求确定自己的写作方向和定位

世间所有的相遇都是久别重逢。2017年7月15日,我们久别重逢在杭州余杭径山微电影小镇。这里,青山碧水,蓝天白云,触处皆绿。

你可以忘了呼吸。最自由的呼吸,是你不曾感觉呼吸的存在。

你可以忘了写作。最酣畅的写作,是丢下一切有关写作的技巧。

然而,在自由之前,在酣畅之先,或许还要背起枷锁,戴上手铐,在圈定的舞台上翩翩起舞。

### 3.2.1 写作,是一种不可能的可能

人生,有几种可能性?或许,你和我一样。曾经幻想,飞檐走壁,去拍武侠片;曾经幻想,挥毫泼墨,去

描画大好江山；曾经幻想，当个掌柜，去买东卖西；曾经幻想，穿上白大褂，去救死扶伤。

然而，现实给了我们什么？是可能性的一次次打破，还是不可能的一次次惊艳？最终，我们发现，文字给了我们不可能的可能。

在写作里，我们体验种种惊世骇俗的危险，构建瑰丽奇谲的新鲜，擘画出惊天动地的场面。你惊呼，文字啊，你太奇妙；写作啊，你太伟大。然而，借以流露的那些情思，如同冲出笼子的鸟，在天空里四处乱窜，不完全在你的掌控之中。每个写作者，都在文字里东奔西走，东突西进，东闯西荡，最终都死在了语言的苍白之下。尽管古人给出了"言有尽而意无穷"的金句，可也未能解救芸芸众生、莘莘作者。

因为，能够"着一字而尽得风流"，或者"一个'闹'字而境界全出"的，世间能有几个？可我们一拿起笔，依然"眼睛里常含泪水，因为我对这土地爱得深沉。"

### 3.2.2 定位，给你一个紧箍咒

孙悟空脑袋上的紧箍咒，被人痛恨。取经结束，紧箍咒飘然而去。此刻，有一种快感——所有的痛苦都随

桎梏的释然烟消云散。不知悟空内心是否早已宽恕?

I know it feels good to get even, but there's something that feels even better. It's forgiveness.

我知道报仇的快感,但有件事会让你更爽,那就是宽恕。

——《摩登家庭》(史蒂芬·勒维坦创作,朱丽·鲍温出品,二十世纪福克斯电影公司 2009.9.23 美国广播公司首播)

请原谅,我在分享会上,给出了一个紧箍咒。不过没关系,任何人都有选择的自由。戴与不戴,它就在那里,这个紧箍咒,大致是这样的,如图 3-1 所示。

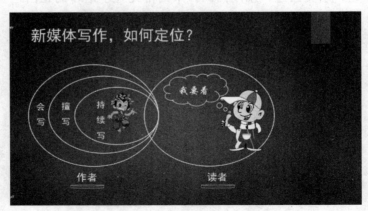

图 3-1

它由两大圈层交集而成。一边是作者,一边是读者。作者会写的,读者不一定要看;作者擅长写的,读者也不一定要看。只有作者能持续写作，并且是读者感兴趣的，才是读者要看的。这里便是定位，是紧箍咒让人生疼的地方。

很多声称不要写作技巧，也无所谓写作定位的大咖，其实他早已取得真经，卸下了紧箍咒。无论有意还是无意，他的写作赢得了读者的喜爱，那就是他的定位。

承不承认，道理就是那样。对于无法从事灵性写作，或者凭借才华写作的人来说，定位是一件痛苦的事。

才华暂时无法支撑起梦想，灵性还不足以打开文学创作的大门，我们在殿堂之外。我们能否清晰自己的面目？明确自己的定位？

可以。还有一种写作叫"非虚构类写作"。它更多需要的是我们的理性思考力。针对此类写作，我觉得"写作+"的模式就比较适合。

每个人都有自己一个比较熟悉、有发言权的领域，或许是自己的专业，或许是自己的工作经验，或许是职场知识，或许是兴趣爱好等，通过结合写作的方式，持续输出，也可以形成一定影响力。

这是否也是一个紧箍咒呢？我的才华和灵性远未能支撑起我的笔杆，我需要定位和技巧，因为我只是码字工。而你，可以不要。愿你在文字里自由呼吸，愿你在写作中轻歌曼舞，自在徜徉。

　　什么是方向和定位？对企业来说，就是战略和蓝图。对个人来说，就是理想和目标。对新媒体写作者来说，就是品牌和优势。

　　说得具体一点，在简书上写作的朋友，如果能找对自己的写作方向和定位，就容易形成自己的"高地"，收获品牌效应和影响力。

　　好比是大家在一起比赛堆积木，如果东一下，西一下，城堡就堆不起来；相反，固定一个地方，持续用力堆，城堡可以堆得很高。

　　简书平台能够名列前茅并且有在某一领域有知名度的作者，也是因为持续在一个方向坚持写好文章，明确清晰地定位。如彭小六，主攻个人成长干货知识；樊荣强主打写作类内容。有句话说得好："不能只顾低头拉车，还要学会抬头看路。"想要以写作打造个人品牌的伙伴们，找准方向和定位，让自己力往一处发，劲往一处使，才能有效形成自己的高地。如何快速找到自己的方向和定位呢？以下三张图，告诉你一个好方法（如图3-2所示）。

图 3-2

## 3.2.3 画出"我能写"和"我要看"的交集

如果你对自己擅长写哪些内容很清楚,那么恭喜你,这张图就够了!先简单解释一下。"我能写"指的是你自己,"我要看"指的是读者。把你能写的内容罗列在左边的圆圈内。别说圈不够大,你可以自己找一张白纸,重新画。现在你该明白怎么做了。在左边的圈内列出自己擅长写的内容,如旅行见闻、美食品鉴、电影赏析和插花艺术等,然后在右边的圈内列出读者要看的内容。

怎么列?到简书里面去找,几乎每一个专栏都有众多读者。把专栏名称依葫芦画瓢填在右边的圈内,然后

应该可以看出来了吧。最接近的名称就是两个圆的交集，也就是你可以参考的写作方向。

以我自己为例。我擅长写作教学及相应文章的撰写，简书平台恰好有"谈写作"的栏目。你看，这就是我可以确定的方向。如图 3-3 所示。

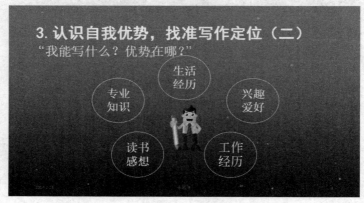

图 3-3

## 3.2.4 画出 5 个圈，找到你的优势

如果你对自己的优势不清楚，该怎么办呢？那就要画另一张图了。这张图由 5 个圈组成。聪明的你一看就懂了，原来可以从这 5 个方面去寻找自己的优势啊。对！专业知识、生活经历、兴趣爱好、工作经历、读书感想，总有一款适合你。

每个人的知识结构、阅历、爱好、工作都不尽相同，自然也就导致各自的优势会不一样。会不会有小伙伴觉得自己有 2 个或以上的优势呢？可能会有。怎么办？可以先尝试写不同方向的文章，然后通过比较大家对你不同类别文章的喜欢程度，进一步判断自己的优势。

### 3.2.5 借助简书专栏，精确定位

通过上面 2 幅图，我们大致明确了自己的写作方向。那么如何进一步定位呢？第 3 幅图就可以帮到你了。如图 3-4 所示。

图 3-4

先把简书某个领域的专栏名称，按照专业知识、生活经历、兴趣爱好、工作经历和读书感想 5 个方面，分

门别类"贴上墙"（像标签那样），然后从中挑选出自己最擅长又最喜欢的那一个。如"专业知识"上面贴了"程序员""平面设计"和"手绘"，我最喜欢"手绘"，就定位在手绘。

写到这里，我们发现在互联网新媒体平台上写作，其实就是各种"优势+写作"的模式。对了，正如"互联网+"的模式。新媒体写作正是大家各自不同的优势加上写作，发挥出更大的价值传播威力。愿你找对方向，找准定位，早日实现自己的价值更大化。

## 3.3 如何获得持续写作的动力

学了那么久，写了那么久，阅读量点赞数依然"冰冷"，叫我内心如何不伤悲？！没有成就感，兴趣就低了；没有成就感，动力就弱了；没有成就感，热情就减了。一句话，做人做事、学习写文，都不能没有成就感！

成就感之于人生，如同灵魂之于躯体，看不见摸不着，却犹如呼吸时的氧气。有了成就感才能获得持续写作的动力。那么，普通作者如何在短时间内获得写作成就感呢？如图 3-5 所示。

### 3.3.1 写重要书籍的书评

随着移动互联网的普及，全民阅读时代已经到来。那么，问题也就来了。读哪些书才能快速进步？读哪些书才能解决实际问题？读哪些书才能提高认知与素养？

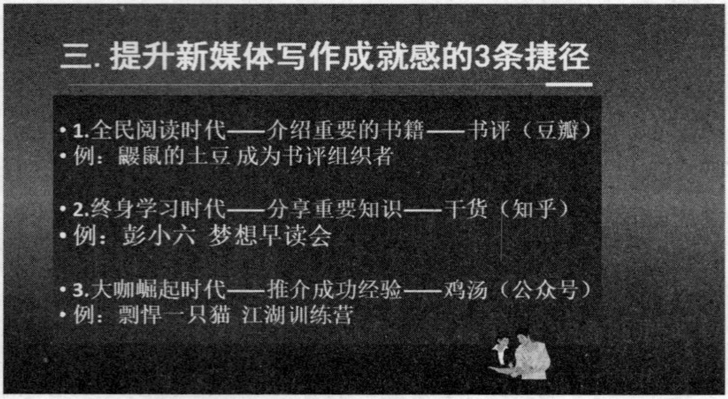

图 3-5

不同的读者群体，阅读需求各不相同。如果能针对特定需求，写作相应书评，为特定群体提供专业领域内的重要书籍介绍，文章的价值就体现出来了。时间紧，工作忙，想读书精进却缺乏整块时间，这是当今社会的普遍问题。

写重要书籍的书评，实际上就是为读者节省时间。前提是选书、评书具备精准的眼光。时间就是生命，就是金钱，为他人节省时间功德无量。书评的写法，大致可分为以下3种：

- A 介绍书本内容为主
- B 评介书中亮点为重
- C 介绍某一类图书（书单）

书评的具体写法，可以参考我的《2张图告诉你读后感和书评的区别》（简书ID：余老诗）。

### 3.3.2 写重要知识干货文

终身学习，你大概不陌生吧。得到APP的登录页面赫然写着"和你一起终身学习"，可谓抓住了时代的主题。不过，斗转星移，时代变迁，我们无法回到一盏孤灯、一夜读书那样的美好时光去了。快节奏、碎片化的时光生存方式，决定了我们一定程度上需要"功利性读书"。毋庸置疑，阅读干货类文章，是一种快速获得知识，有效提升认知的重要途径。

因此，写作知识类干货文，自然会引起多数读者的关注。和鸡汤文相比，干货文含金量高，如同一日三餐的主食，需求量巨大。

干货类文如何才能写好呢？

#### 1. 注意知识正确性

既然是干货类文，不得不考虑"对症下药"。如何才能药到病除？问题诊断对是第一步，开对药方是第二步。干货类文相当于药方。那么，药方不允许出现错误是理所当然的。求证、校验、审核，甚至对所涉及知识追根溯源,常常是写干货类文所需要做的。从另一方面说,这正是"写作精进人生"的重要原因。

### 2. 与实际应用相结合

干货类文与生俱来的基因,要求它能够解决某个问题。写作此类文章时,多与实际应用相结合,不但可以凸显"干货"的真正价值,而且还可以引发读者的深入思考。

例如,谈散文开头技巧的文章,可以结合经典散文作品展开分析;同时,假设一篇散文的主题是"友情可贵",运用何种写作技巧开好头,显得尤为必要。

### 3. 多用图表等直观手段

干货类文,如何提升阅读体验感?不因为干巴巴讲授知识而太"干"呢?人首先是感性动物。对于周围世界的图像、画面,往往更为敏感,更容易投入注意力。

知识、原理和规律如果能用图标、图示等直观形象地呈现出来,能大幅度提升读者阅读体验感,进而便于干货价值的有效发挥。

另外,干货类文如何更好做到"干湿适度",可以参考我的《美到刚刚好,如何调出一篇口味适中的文章》(简书ID:余老诗)一文。

### 3.3.3 写重要大咖的推介文

所谓阅文无数,不如高人指路。传统媒体时代,因时空距离阻隔,大咖、牛人和大神总是显得遥不可及。你要想见一次某领域的大腕人物,难啊!如今进入新媒体时代,各种媒体平台提供了各种大咖、牛人的专业知识和成功经验分享机会。音频、视频、直播、微课和文章等各有特色、各有千秋。文章的突出优势就在于分享便利、传播快捷、保存容易,同时有利于细琢细磨式学习。从读者需求角度考虑,这类文章如何写比较好呢?

#### 1. 简介人物背景

学习经历如何?主要从事哪一行?主要有哪些成就?是否有著作出版?以上问题能回答的,尽量展示出来,便于读者比较全面地了解大咖人物,更重要的是从中发现某些深入学习的线索。

#### 2. 展示成就亮点

大咖的成就也许是多方面的,但主要成就或者成功经验往往集中在一个方向。根据文章主题,介绍其主要成就,做到亮点突出,避免面面俱到,才能利于读者借鉴学习。

举个例子来说，马云在电子商务、创业团队搭建、企业文化建设和演讲等方面均有突击成就。如果我的文章主题是大咖们的商业模式分享，那就应当把重点笔墨花在电子商务模式建构上。用一张图做总结，让没时间细看文章的小伙伴省事省心吧。

修炼没有捷径，成功却有方法。新媒体时代，像尊重生命一样尊重文字，尊重时代的写作规律，不成功都有点难！奔跑吧，兄弟！

## 3.4 不明白正确变现,你就不能深刻理解自媒体写作的定位问题

谈到自媒体写作变现,一些初学写作的朋友可能会觉得,我刚刚学写文章不久,都没取得大的成就,我怎么可能变现呢?

这其实是一个误会。为什么这样说呢?因为只有我们正确理解自媒体写作的变现方式,也就是明白了自媒体写作创造的价值,才能够更深刻、更加清晰地认识自媒体写作的定位和未来的发展方向。可以从三方面来谈:

- 什么叫自媒体写作变现;
- 自媒体写作变现通常有哪几种方式;
- 如何正确选择自媒体写作的变现方式。

什么叫自媒体写作变现?其实这并不是一件特别新鲜的事儿。在我看来,这是通过在媒体平台上写作的方

式实现价值交换。

价值交换，其实从古至今都存在。不同的厂家通过产品的生产和买卖，实现一种价值的交换。现在，很多人用虚拟货币去交换物品，其实是交换的方式发生了变化，但其价值跟价值的交换本质并没有改变。

因为人的需求是多种多样的。首先是生存的需求，要满足吃穿住行等各方面的基本需求。为了满足多种需求，我们只有通过交换才能够全面实现。比如我是一个工厂里的工人，我生产的是手机，虽然可以通信，但不能当饭吃。所以我要通过交换来满足我的各种需求。

自媒体写作也是一样。我们可以举一个简单的例子，假设通过微信公众号的写作，我聚集了100万粉丝。我付出了脑力和体力劳动，满足了粉丝在精神食粮方面的需求。在这种情况下，我可以跟广告商合作，通过出卖我的公众号广告铺位来换取我所需要的东西，这就是所谓的价值交换了。由此可以看出，自媒体写作变现，是先满足别人的需求才能够满足自己。理解了这一点，我们就能够明白为什么自媒体写作要有精准的定位。

有一个正确定位，相当于你搞清楚了要满足别人的需求是什么。在此前提下，我们才有可能实现变现。接下来我们谈一谈，自媒体写作变现有哪几种具体变现方式。

最直接的方式，就是我们经常可见的文章的打赏费。你的写作功底非常好，你的文章叫座又叫卖，打赏费也是不少的。简书平台、微博、今日头条和微信公众号，开通了打赏功能后，作者们都有机会收到打赏费。

当然，前提是你的文章要给别人提供比较好的价值。别人觉得花时间读你的文章很值，能得到有价值的东西。采用打赏的方式，表达对你劳动的尊重，就是所谓的打赏费。

打赏费最大的特点就是因文因人而异，不同的文章不同的读者，打赏费用可能不一样，所以它具有不确定性。

第二种变现方式，是广告费。相对打赏费，广告费比较稳定。只要你公众号粉丝在5000或1万以上，就会有相应的商家找你谈合作。他们需要在互联网人流量大的地方打广告。你相当于出租自己的铺位，收取费用。

第三种变现的方式，是收取课程费。当我们的文章（或其他内容）足够吸引人，在某个领域具有领先优势，有专业价值、有知识含金量，很多粉丝就会对你的专业知识、宝贵经验产生兴趣，他们也想通过向你学习来充实和提高自己。

此时，可以根据自身条件来开设线上课程，也就是我们现在所谓的网上微课。这是收取学费,实现自媒体写作变现。

第四种费用是商品费。文章本身就作为一种商品可以出卖,比方说我们很多小伙伴通过写书评,每个月可以拿到不少稿酬费用。这其实相当于你的文章已经成为一种商品了。

还有一种商品费,是你在某平台注册账号。比如今日头条,达到一定级别,可以开通自营广告,出售自有商品,实现变现。"得到"的电商模式就属于这一类别。

第六种是平台激励费。很多新媒体平台为了吸引优质的作者入驻,采用了不少激励方式。

今日头条就有一种措施——千人万元的计划。还有问答达人,认证以后可获得固定月收入等。

自媒体写作更高级别的变现方式是什么呢?

就是整个IP,包括所有产品被一些企业或者机构收购,实现一种资本介入的变现方式。比如我们知道有一个号叫"李叫兽",它定位在科学营销。后来被百度收购,"李叫兽"也成了百度副总裁。由此可见,自媒体写作变现方式非常多。小到打赏费,大到各种各样的营收费用。

接下来,重点谈一谈如何根据自身优势选择正确的变现方式。

### 3.4.1 对自身的资源优势做分析

自身资源的优势分析主要是两点：
- 我有什么；
- 我能为别人提供什么。

比如，我有知识，我有能力，我有时间等，这都属于你的自身资源，但还不一定适合变现。这些自身资源有没有优势呢？他们在什么情况下才会成为一种优势，得认真考虑。

### 3.4.2 自身优势资源能转化为别人的现实价值

比如说你有时间，又会读书，就可以写书评来获取稿费。书评是为出版商、书商促销书籍提供宣传价值，同时也为没有时间选书的读者提供一种借鉴。

又如，你有知识，又懂分享，可以通过线上课程为他人提供价值。有的朋友育儿经验丰富，有的朋友具有专业健身知识，还有的朋友精通财经和投资，这些专业知识对别人就有帮助。不过，有了知识，你还要懂得分享。如果你有知识，但不善于分享，就好比是饺子装在茶壶里，没办法倒出来，就无法成为真正的优势。

所以，如果你有知识的优势，同时又懂得分享，就可以来研发课程，实现变现。我们可以发现，变现与定位是遥相呼应的，是紧密相关的。

通常来讲，如果你选择的定位是分享干货类文章，变现方式就集中在研发课程，收取学费。因为干货文往往知识性、专业性较强。如果你的定位是写情感类文章，就可能吸引大量粉丝，同时传播度广，适合收取广告费这种变现方式。

# 第 4 章

# 不会写作不用怕，你可以从零开始

chapter 4
<<<

前面的内容，我们谈了什么是新媒体写作，如何正确认识自我，找到自媒体写作的方向和定位。那么假如你是个零基础的写作小白，又该如何从零开始学习自媒体写作呢？我们一起来聊聊。

## 4.1 如何用聊天模式开启零基础写作

中国人用中文码字，实在不是一件特别难的事！就像聊天一样，你怕不怕呢？切，谁还会怕聊天？又不是辩论赛！好吧。我们一起来看看聊天到底是怎么一回事。

### 4.1.1 亲，我来了

聊天对象通常是跟自己关系甚好，或者有共同兴趣爱好的人。这样才有的聊啊。我办公室竹哥和浩哥就特别有的聊。瞧！刚从厕所回来，两人又头碰头在一起聊开了。别误会，不是上班时间。一个是负责公司电脑维护；另一个负责水电维修。

这两人凑在一起，主要是因为你有篮球我有酒。下班一起打篮球，宵夜一块儿喝小酒。虽然谈不上高大上的志趣相投，但也不至于狐朋狗友，臭味相同。对象不对，一句话就能聊死！话逢对手，在一起，千言万语不嫌多。聊着聊着天就黑了，还是不舍得分开！你有没有这样的幸福时刻？

### 4.1.2　哥俩好姐妹好

聊天内容通常不受约束。想聊什么就聊什么。要是像古代文人墨客那样，其实也挺让人羡慕的！苏轼和僧人惠崇有来往，写下了不少交游诗。想必，对他们来说，聊天的内容已经带有了跨界的味道。一位是才情满腹的诗人；一位是得道高僧。两人聚在一起，不知要碰撞出多少火花！？

《慧崇春江晚景》：

竹外桃花三两枝，春江水暖鸭先知。

蒌蒿满地芦芽短，正是河豚遇上时。

这首诗,是苏轼为好友惠崇画作题的诗,读起来是不是兴味盎然,能让人想见当时聊天的气氛多么热烈!这是活脱脱的哥俩好啊!

## 4.1.3 写作是不是也能这样啊?就像聊天一样

我觉得可以。取其神髓,遗其外形。写作如果能开启聊天模式,一定是一种不错的选择。不是说,读一本伟大的著作,就像是和一位伟人聊天吗?看样子,伟大的作品都有一种隐形的聊天模式。

### 1. 想象你的读者

他就在你的眼前,坐在你的对面。等着和你聊天!这样一来,是不是觉得,你开始慢慢开启聊天模式了?

他可以是你的朋友,你们有好长一段时间没有见面了。你有好多话想亲自告诉他。他可以是你的亲人,你正在用全新的姿态与他对话,希望他能和你一样用心聆听。当然,首先你要全身心投入。

他可以是你的同事或者伙伴,你见到他有一种莫名的喜悦。你想与他一起探讨共同的事业和工作,甚至梦想。

他还可以是你素未谋面的偶遇之人，但你依然以满腔热情投入对话，你想帮他解决困难，让他感受你的诚恳和能干。

### 2. 想象你要说什么

包括他想听什么，你想对他说什么。如果他是你同事，他想听什么呢？你的一段成功经历，还是昨天的一件值得回味（复盘）的事？

比如，在接待客户时你先介绍了公司的新产品让对方很感兴趣，或者你跟他聊起自己的某一项爱好，使你们成了好朋友。或者，你急着要告诉他，你新学的某一种工作方法很好用，想分享给他？比如，手机一款管理文件的 APP 特别好用，想推荐给他。

总之，为了激发你写作的欲望，要尽量想象你的目标读者在你面前时，想告诉他什么。要激情饱满地告诉他。

### 3. 想象他跟你交谈

这就是互动感。读了简书里面很多受欢迎的文章，总结出一条——互动感很重要。看看一直特立独行的猫吧！如图 4-1 所示。

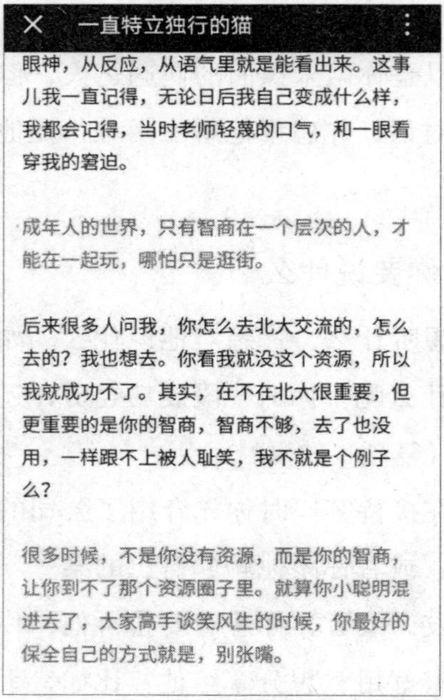

> ✕　一直特立独行的猫
>
> 眼神，从反应，从语气里就是能看出来。这事儿我一直记得，无论日后我自己变成什么样，我都会记得，当时老师轻蔑的口气，和一眼看穿我的窘迫。
>
> 成年人的世界，只有智商在一个层次的人，才能在一起玩，哪怕只是逛街。
>
> 后来很多人问我，你怎么去北大交流的，怎么去的？我也想去。你看我就没这个资源，所以我就成功不了。其实，在不在北大很重要，但更重要的是你的智商，智商不够，去了也没用，一样跟不上被人耻笑，我不就是个例子么？
>
> 很多时候，不是你没有资源，而是你的智商，让你到不了那个资源圈子里。就算你小聪明混进去了，大家高手谈笑风生的时候，你最好的保全自己的方式就是，别张嘴。

图　4-1

一直特立独行的猫简直就是一位假装聊天的高手！！你读读，每一句话就像面对面说给你一人听一样。你从文章的称呼就可以感受到。我要是她的读者，一定喜欢她的文章。说了半天，是不是要给点可以直接操刀的利器干货？

## 4. 多用问句

别问我疑问、反问和设问怎么区分。没关系，你会写问句就好。实在不会写，那就百度一下，怎么把平铺直叙的句子改为问句。问句特别能引人思考,也容易带动自己进入聊天模式。你说是不是呢?(这就是问句!)

5. "你我"并用

一味用"我",比较容易陷入一言堂的困境。比如说,我觉得,我认为,我以为,用的多了,自我意识太强,就削弱了聊天氛围。如果观点又比较尖锐,那就很可能让某一部分读者不舒服。

同理,一味用"你",比较容易造成距离感。文章里面满是"你怎样怎样",似乎有些指着对方鼻子说话的感觉,也不利于友好聊天。恰当的方式,应当是"你我"并用,形成良好的互动感和现场感。

### 4.1.4 小结一下

想象你面前就坐着读者;想象你想跟他聊什么;想象正在和他交谈。这三种想象帮你开启写作聊天模式。同时,多用问句,"你我"并用,可以增强现场感和对话感。

写文章和说话,有许多相通之处。感兴趣的朋友,可以读读我的另一篇《你说话有多好听,文章就有多美丽》。试着开启聊天模式写作吧!让写作和聊天一样轻松愉悦。

## 4.2 初学写作，怎样找到适合自己的读物

越来越多的朋友加入写作大军。每天入驻简书平台的作者，多得数不胜数。这是一个日益庞大的人海。每位作者的文章就像垫脚石，将他不断垫高，有的作者目前已位居金字塔的顶端。

文章质量越高，垫的高度也就越高。如何写出高质量的好文章？这是每位作者都会苦苦思索的问题。不瞒您说，自从入驻简书平台，我的脑海里每天都时不时盘旋着"如何写出好文章"的念头。这种煎熬的感受，绝不亚于写几万字毕业论文的痛苦。

当然，在简书写作也有愉快的时刻。看着阅读量、点赞数一路飙升，那种愉悦和成就感有如潮水般袭来，就如同中大奖一样令人喜不自胜。

我们都希望出色，都渴望成功。这是人之常情，也

是我们码字一族在移动互联网时代活着的真实状态。

刚开始写作，主要靠碰运气，文章质量和阅读量时好时坏。直到有一天，我偶然翻阅到两本书，欣喜若狂！这不就是我最需要的写作专业知识书吗？

16块专业写作知识和40个技能，组成了系统的写作指导教程。由此我也明白了，如果忽视了基础知识、基础认知的学习，很难有真正提高。

道理很简单。事物都有基础，学习也要从基础开始。老子《道德经》就说："合抱之木，生于毫末；九层之台，起于累土；千里之行，始于足下。"离开了基础，就像树木没有根，河流没有源头。

想想咱们绝大多数人学习都要从一年级开始，就更明白了。毕竟能够跳级的神童少之又少。《伤仲永》这个故事，就告诉我们神童最终沦为平庸之人的悲剧，其原因就在于缺少足够的基础学习。

不学会调息运气，不锻炼内在功力，降龙十八掌也只是花拳绣腿。写作呢？更是这样啦！今天学这位大师的技法，明天学那位高人的心得，如何能够消化呢？不能消化的东西，又如何转化为自己的营养和能量？

不如好好把基础打扎实。得到专栏的知识管理达人成甲老师和职业生涯规划师古典老师，都不约而同地谈到了要学好一门知识，掌握一种能力，就得先找到这个领域中最基础、最本源的知识来学习。

这种知识是源头！现在我把这自己读过并受益的两本书分享给大家，希望大家在潜心学习中获得精进。

## 4.2.1 有本书，是专业而系统的写作知识大本营

《普通写作学教程》，一看书名，没有任何神奇的地方。但是系统而专业的写作知识就藏在里面。内容贫乏的东西，需要华丽的外表来装饰。内容丰富的东西，因漂亮的外表而锦上添花。内容深厚的东西，不用涂脂抹粉也熠熠生辉。该书属于后者。这本书最大的好处，就是告诉一位写作小白关于写作的系统知识，提升专业认知。

## 4.2.2 什么是文章

作者先把"文章"放到历史长河中去看，发现文章的意义在不同的历史阶段是不同的。在此基础上总结出文章的概念：

文章是反映客观事物，表达思想、认识、情感，具有相对完整意思和一定篇章结构的书面语言形态。

明白这一点究竟有多重要？太重要了。有学生问我，老师我写的游记，为啥打 60 分。我告诉他，你的游记缺少一种味道——也就是没有你自己的情感，也没有思想认识。你看人家苏轼游览庐山，写出了"不识庐山真面目，只缘身在此山中"的名句，能给人启发，使人明白看问题角度不同，结论就不同。这就是有认识上的价值。

"结构"也很重要。没有结构的一堆文字就不是文章。"千山鸟飞绝，万径人踪灭。孤舟蓑笠翁，独钓寒江雪。"（《江雪》）一共 20 个字，有没有结构？当然有，基本结构就是先写环境，再写环境中的人物；先渲染背景气氛，再聚焦人物品格。如果打乱顺序，就破坏意义了。有意义，又具备相对完整结构的语言文字形态才是文章。

### 4.2.3　写作有哪些基本规律

写作和其他人类活动一样，是有规律可循的。如果忽视基本规律，写作很可能会陷入僵局。作者指出，"物—意—文"的转化，就是一条基本规律。我觉得这条最重要，选出来分享给大家。

什么是"物"？就是外界事物，你所读的文章、看的电视、电影，都是一种外物。外物进入大脑，就变成"意"。当然，每个人知识结构、理解能力和审美兴趣不一样，形成的"意"也不一样。

最后，脑海中的"意"要转为笔下的"文"（文字），写作才算大功告成。想一想我自己，可以明白一个道理。我经常是在"文"上出现一些尴尬。之前在企业做文案，老板毫不留情指出"文章不说人话"。想想也是，只顾自己的感受，文绉绉的，普通用户看起来多累啊。

知道这条规律后，我就在"意—文"的环节上下功夫，努力让自己的文字表达贴近读者群体。慢慢地，我做的文案就越来越受欢迎了。

## 4.2.4 写作过程有哪些重要环节

本书如一位长者，高瞻远瞩，较全面地讲述了写作过程中涉及的重要环节。以"专题训练"的形式列出了"观察与采访""检索与整理""感受与审美""分析与综合""想象与联想""立意与选材""思路与谋篇""五种表达方式""语言的积累与锤炼"和"起草与修改"10个重要环节。

其中，我感受最深的是"立意与选材"这一部分。首先，书中指出了主题的提炼与主题的确立是同时进行的。也就是不能把这两者分开。这就帮助我们纠正了一种错误认识——先有提炼，再有立意。文章的灵魂就是由主题带来的，那么如何提炼主题呢？

### 1. 提炼主题必须发掘事物本质，把握事物个性

怎样发掘事物的本质呢？（1）要对事物有一个全面的理解。既要看清事物间的相互关系，还要了解它的内在联系。（2）要把事物放在一定背景下进行系统分析。

我们拿《老人与海》来说，老人永不放弃的精神品质就是本质，因为这种精神品质是全人类所共有的。

同时，作者又把老人放在有着惊涛骇浪和鲨鱼攻击的大海上加以表现，就特别能吸引人。当我们读到作品时，一方面被"老人和大海"这种个性化的组合所震撼；另一方面又与老人所体现的精神产生共鸣。这样，作品感染力就来了！

### 2. 主题具有主观性，要用先进的世界观做指导

书中指出"主题提炼会受到作者世界观、思想感情、艺术修养和审美情趣，以至于不同的经历、学识和才情禀赋等多种因素的影响。"

这就启发我们，文章真是我们自身美丽的倒影。如果我们内心荒芜，情感冷漠，认知低下，一定很难写出优秀的作品。

文如其人。苏轼的《水调歌头》（明月几时有）为什么有着动人心弦的力量？尤其是最后一句"但愿人长久，千里共婵娟。"为什么特别能激起我们的共鸣呢？

苏轼内心世界的丰富，为他的写作提供源源不竭的动力。他对月亮的和人世的观察体验，是建立在他的豁达、圆融的世界观基础上的。

有句话说得好。我都没有观过世界，哪来的世界观。一方面我们要多读书；另一方面也要多体验生活，多看看世界。行万里路，读万卷书，才能不断充实自己。让自己活成丰富多彩的样子，我们的作品才会呈现摇曳多姿的景象。

## 4.2.5 不同类型的文章有哪些，分别如何写作

该书把文章分为消息、通信、报告文学、散文、思想评论、文艺评论、杂文、学术论文和科普说明文 9 种类型。

散文是初学者写作常用的文体。书中重点讲的立意、构思、意境和结构，对我都很有启发。例如，散文构思的线索：

- 以情为线索

- 以理为线索
- 以物为线索

其中,"物为线索"的物,一般情况是被情化了的物。这让我想到指导学生写回忆性的文章,通常可以以物来起篇,并且贯穿全文。例如,一篇回忆我的奶奶的文章,就用了奶奶给我买的跑鞋为线索。睹物思人,回想过去,结尾借物抒情,效果就不错。

## 4.2.6 该书适合什么样的人看

- 想把写作学得更专业、更系统的人。
- 对写作有浓厚兴趣,但苦于找不到专业学习路径的人。
- 已经学了不少零碎写作知识,急需通过系统化来整合知识,提升自己的人。
- 有一定学习能力,将来会把写作当作一项必备技能的人。

## 4.2.7 《写作吧!你值得被看见》——通俗易懂的写作技能"武器库"

如果把前面那本书比作是一位正襟危坐的老前辈,这一本就是举止洒脱的小后生。老前辈可以语重心长地给你指明方向;小后生可以热情洋溢地给你激情和力量。

这本书最大的特点就是它的每一种写作技能都是结合具体案例来讲的。特别适合喜欢读故事学知识的朋友阅读。

### 4.2.8 谈到了哪 40 个技能

我用一张表来罗列,便于大家保存。要用的时候,可以随时拿出来看看。比如,遇到取标题有困惑,就可以看看其中的"命题力",对应的页码是 39 页。如表 4-1 所示。

表 4-1 技能武器库

|    | 技能名称 | 对应页码 |
| --- | --- | --- |
| 1 | 觉察力 | 20 页 |
| 2 | 现场力 | 27 页 |
| 3 | 五感力 | 32 页 |
| 4 | 命题力 | 39 页 |
| 5 | 主题力 | 44 页 |
| 6 | 对话力 | 49 页 |
| 7 | 出场力 | 54 页 |
| 8 | 烘托力 | 58 页 |
| 9 | 聊天力 | 63 页 |
| 10 | 移情力 | 68 页 |

续表

|    | 技能名称 | 对应页码 |
|----|--------|--------|
| 11 | 用典力  | 73 页  |
| 12 | 名词力  | 78 页  |
| 13 | 去形容词力 | 83 页 |
| 14 | 镜头力  | 88 页  |
| 15 | 素材力  | 94 页  |
| 16 | 字汇力  | 99 页  |
| 17 | 字辨力  | 104 页 |
| 18 | 量化力  | 109 页 |
| 19 | 联结力  | 114 页 |
| 20 | 受众力  | 118 页 |
| 21 | 隐藏力  | 124 页 |
| 22 | 闲散力  | 128 页 |
| 23 | 压缩力  | 134 页 |
| 24 | 减除力  | 138 页 |
| 25 | 节制力  | 142 页 |
| 26 | 节奏力  | 147 页 |
| 27 | 逻辑力  | 151 页 |
| 28 | 迂回力  | 156 页 |
| 29 | 矛盾力  | 161 页 |
| 30 | 感应力  | 198 页 |
| 31 | 夸饰力  | 166 页 |
| 32 | 反向力  | 171 页 |

续表

|   | 技能名称 | 对应页码 |
|---|---|---|
| 33 | 圆融力 | 176 页 |
| 34 | 神话力 | 181 页 |
| 35 | 小说力 | 186 页 |
| 36 | 格物力 | 192 页 |
| 37 | 自媒体力 | 204 页 |
| 38 | 诗眼力 | 210 页 |
| 39 | 情理力 | 216 页 |
| 40 | 关联力 | 223 页 |

## 4.2.9　如何读这本书

建议：先浏览一遍，熟悉 40 个技能的大致内容。而后对自己目前最紧迫最需要学的打上记号，准备下次再读。

为什么呢？大家一看这 40 个技能的名称就明白了。这些技能都是作者根据自己的写作教学实践进行的个性化命名。而且作者是中国台湾地区的人，语言表达的习惯带有些老式的味道。

这 40 个技能，要和前面提到的《普通写作学教程》联系起来看就很有启发了。作为一种细化的表达和具体案例呈现，我们可以把它看作一种有意思的补充。教程是大纲，技能就是手册。两者互为补充，相辅相成。

举个例子来说，作者在文中提到的"五感力"和《教程》里的作者的素养之一"观察能力"就可以互相参照。"观察能力"是指调动各种感觉去获取信息的能力。在"细、全、深"三个字上下功夫，就能不断提高观察能力。

作者说，"五感力"是指"眼、耳、鼻、手、身"的体验能力。这就把观察力进行了细化和具体化。同时，作者在文章中举出了实例：一位学员在周六亲自去台中海滨感受空气，写出了具有真情实感的文字。两本书互相参读，理解起来就不那么困难。

### 4.2.10　如何运用这些技能

这40种技能，个个看起来都很重要，那该怎么合理运用呢？有句话说得好，最好的学习就是在实践中学。

那么，学习写作技能，当然就是在写作的过程中，努力运用这些技能。比如，书中提到的"镜头力"，特别适合描写场面。作者把"镜头力"按照电影拍摄技巧分为远、中、近景，近景可以理解为特写。

假如我的文章写到广场上的展销会，就可以尝试运用这种方法。先写远望看到的场面，热热闹闹，人山人海；再写中景，来到特产展区，闻到了美食的味道；最后写自己走近感兴趣的一家"麻香糕"摊位，具体描写其诱人的色香味。这样写，就很有层次感和画面感，能给人身临其境的阅读体验。

好了，简单小结一下。《普通写作学教程》（路德庆主编，高等教育出版社，1997重印）和《写作吧！你值得被看见》（蔡淇华，中国台北：时报文化，2016版）这两本书，前者为我们提供了系统的专业写作知识，有一定基础又想要精进的朋友，不妨好好研读。后者更适合喜欢轻轻松松学写作的朋友，书中的大量技能和案例，足够我们像品味巧克力豆那样，细细咀嚼。让我们做最好的自己，写出最优秀的文章。

## 4.3 如何从自己的生活、工作和学习中找到有价值的写作素材

谈到写作素材，关心写作的朋友都知道，网上相关的文章多得数不胜数。不过，素材积累的目的是用到写作中去。如果像守财奴那样只占有钱财，不会利用钱财，落得个吃力不讨好，那就划不来了。

素材积累也是这样。能在文章里产生价值的素材才是素材，否则最多只是一堆无用的信息。那么问题就来了，如何才能因人而异找到有价值的写作素材呢？

### 4.3.1 素材积累的两种情形

我们得先搞清楚素材积累的基本情形，然后有针对性地找对方法。根据主题的诞生情况，素材积累大致可分为：

- 主题确定之前，自然积累

- 主题大致确定，有意积累

1. 先讲A情形

以写作为业的人，不可能等到锅里水烧开了，再去找米。生活、工作、感悟和思考，处处都有素材。这些素材可能保留在作者的脑海里，可能记录在专用的本子上，也可能以电子文稿的形式存储在电脑上、网络上。

自然积累的过程中，素材来源和范围可以很广泛，不受约束。主题可能诞生在某一时刻，因作者的想法（灵感）可能被某个素材点燃。

2. 再讲B情形

文章主题的确立，有可能在文章写作之前就完成了。主题是灵魂（相关内容可以参考之前的《如何让你的文章有灵魂》），固然很重要；但没有骨肉，灵魂不但无处安放，而且形体瘦骨嶙峋，无法支撑灵魂。这就带来一个问题，如何根据已有主题去寻找合适的（有价值的）素材。

### 4.3.2 根据主题类别，积累有价值的素材

接下来，重点说说如何根据既定主题分类积累合适

的素材。这一点非常关键。主题没有确定,很难说你的素材积累方法是否有效。所以,我们这里讨论的是,有了主题(至少是主题的雏形)之后,如何积累写作素材。

## 1. 明确定位,细分出主题类别

如同蜜蜂采蜜,知道自己要酿什么蜜,才能决定去哪儿找花源。写作定位是每一位作者根据自己的兴趣、优势和专业积累选择写作方向与领域。(可参考本人《用写3张图帮你找到写作的方向和定位》一文)定位明确了,就可以细分出许多不同的主题类别。

比如,以我自己的写作定位——分享写作类干货内容为例,大致可以细分出如下类别:

- 写作原理
- 写作方法
- 写作技巧
- 写作案例
- 作品案例
- 写作经验

有了分类,就类似于铺了很多伸向不同方向的管道。这些管道就能把不同类别的素材,像水流一样引入写作素材库。如图 4-2 所示。

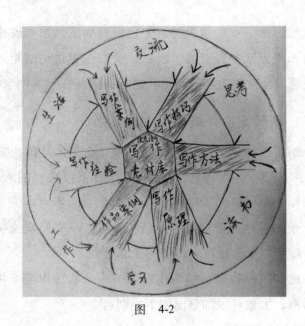

图 4-2

## 2. 确定主题,拆分出关键词

根据我对文章的理解,大致可以分为叙事类文章(如小说)、情感类文章(如诗歌和鸡汤文)和实用类文章(如知识分享文)。

下面以实用类文章为例,详细说说如何根据主题,拆分出关键词。如我确定的写作知识类主题之一,写作案例,就可以拆分出如下关键词:

- 知名作家
- 古代作家

- 现代作家
- 当代作家
- 国外作家
- 成功案例
- 小说构思
- 人物塑造
- 典型环境
- 情节设计
- 诗歌创作
- 意象营造
- 情感表达
- 炼字炼句

其中任何一个关键词，都可以帮我在阅读或者交流过程中，筛选出有价值的写作案例素材。

举个例子。当我读到蒲松龄创作《聊斋志异》的资料时，脑海中"古代作家"这个关键词就会"提示"我把这一素材积累并存储到相应位置上。

而王安石创作的"春风又绿江南岸"中的"绿"字其实是最终版本，之前还有"吹"、"抚"和"到"等。这时候，"炼字炼句"这个关键词会提醒我这是诗歌词句推敲的相关素材，快积累！

举另外一个例子。看到有关点评沈从文《边城》环境描写的资料时，"现代作家"这一关键词就会跳出来，指挥我积累、存储。

大家发现了吗？如果说"主题类别"是负责"运送"素材的大水管，"关键词"就是从复杂的素材源头取水的小水管。因为写作素材不可能直截了当地呈现在我们面前，等着我们手到擒来。而"关键词"和"主题类别"却可以协助我们从各种各样复杂的信息（资料）环境中筛选、汲取有价值的写作素材。

### 4.3.3 总结

素材积累的目的是用到写作中去。素材积累，可分为主题确立之前的自然积累和确立之后的有意积累。本章重点讲根据既定主题来积累有价值的素材。方法是明确写作定位，细分主题类别；确定主题，拆分出关键词。主题类别和关键词如普通大水管和小水管，互相配合，帮我们寻找到有价值的素材。

第 5 章

# 这 5 项,让你的新媒体写作核心能力杠杠滴

chapter 5
<<<

学习和掌握了如何从零基础开始学习写作的一些方法之后,我们又该如何不断提高自己的写作能力,让自己的自媒体写作具备强大的生命力呢?这一章,我们一起来谈谈提高新媒体写作的5大核心能力。

## 5.1 找不到写作话题怎么办

每天都坚持"日更"的朋友们,你们辛苦了!坚持日更,考验的不只是我们的毅力,更是我们的"赋能"能力。

什么叫赋能呢?"得到例会"上,"脱不花"(罗辑思维联合创始人兼CEO)总结了内容创业应该做什么:我们的行为有没有给用户赋能,也就是罗胖说的有没有让用户变得牛B。

写作这件事,当然也是能够带给读者(用户)知识和能量的。姑且可以看作一种"赋能"。为了坚持日更，为了给我们的读者（用户）赋能，我们首先要做到自己有知识和能量。谁都知道，随着互联网尤其是移动互联网的普及，信息不对称的事越来越少了。这也就意味着，咱们要想成为内容生产者，就得持续不断地提供新的内容，就要考虑从认知角度来不断地升级迭代，同时提供给用户足够新鲜的内容。

从写作的角度来看，无非就是尽量每天都要写出新的文章来。文章的质量有优有劣，水平有高有低。那么，如何才能写出高质量的优秀文章，而且做到持续呢？先说说文章话题吧。文章话题好比是文章的基因，直接影响到文章的优劣。这就如同军队的首领，首领的水平高，带的军队整体素质就高，行军打仗就容易取胜。擒贼先擒王，说的也是首脑的重要性。

问题就转化为如何才能持续找到一个好的写作话题。通常的方法是这样的：多读书，多看新闻，多看同行或同类文章，或者实在找不到灵感，就去微博和新浪上看看有没有啥热点事件，然后吭哧吭哧制作出一篇文章来。

这种方法，有没有用？当然有用。可弊端也很明显！那就是文章的质量不一定能得到保证，况且从知识服务的角度来看，这类写作很难形成聚焦和"产品化"。

道理很简单，卖酒的总不能为了出新品去卖烟吧，卖烟的也不能为了创新去卖化妆品。也就是说，我们给用户赋能是有限制条件的，不能随便拿一样东西就塞给用户。

至少，我们应该围绕我们的核心（这里不说定位）给用户（读者）提供文章，这样才能真正完成赋能。下面说说我的建议。

### 5.1.1　先给文章分类

一般情况下，我觉得可以把文章分为实用类和艺术类。实用类文章让人得到"有用"，艺术类文章让人得到"有趣""有意"或者"有情"。实用类文章，如古典老师的职业生涯类作品；艺术类文章，如简书小说和散文中的文章。

### 5.1.2　从纵横两个方向去寻找自己文章中派生出来的话题

根据上面的文章分类，可以形成以下四种可能性。如图 5-1 所示。

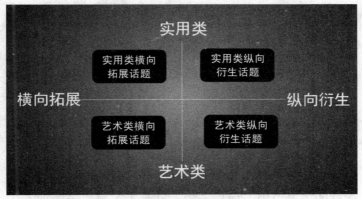

图 5-1

分别举例来说。

### 1. 实用类横向拓展话题

其实今天这篇文章,我就是从之前写过的一篇《学2招,解决写作源头问题》拓展而来的。为什么这样说呢?因为那篇文章虽然是针对学生作文缺乏素材而写的,但我由此想到了知识服务者(新媒体写作者)同样也会面临找不到写作主题的困惑。

你看,前者是找素材,后者是找话题。从素材到话题,就属于同一领域中的拓展联想。由此拓展开去,是不是还有结构、表达等不同问题,都可以成为下次写作的话题呢?

所以,不是没有话题可写,而是我们没有用心去发现。陆游就说过"文章本天成,妙手偶得之。"我们找话题也是这样。

### 2. 实用类纵向衍生话题

如果读过我之前写过的几篇文章,你一定会发现它们其实是有一定联系的。比如我今年2月1日写了《词不达意只是积累不够吗?》,第二天我就紧接着写了《破解词不达意的三大策略》。前一篇文章是分析造成词不达意的主要原因,而后一篇,就是为了解决破解词不达意的问题,寻找破解之道。

从"原因"到"策略",这是很明显的一种纵向主题衍生。此外,还有从"方法"到"技巧",从"理论"到"操作",都是实用类文章可以纵向衍生主题的路径。是不是很有意思?

### 3. 艺术类横向拓展话题

我曾经写过《我懂你的不容易,你懂我的不忍心》一首小诗,因为联想到上学时的同窗之情,就写了《九月一号,我们再也没有背起书包》。

从男女之情,联想到同窗之情,这就是一种横向的拓展。这其中的奥妙,就是我们面对自己的作品,要充满喜爱之情,在这里有点自恋不见得是坏事。而后展开类似联想,就比较容易找到另一个新的话题。

### 4. 艺术类纵向衍生话题

依然以《我懂你的不容易，你懂我的不忍心》为例，这是一首主打抒情的小诗。虽然写得不太好，但后来当我自己再读这首诗的时候，其中有这样两句"相爱是风花雪月，融情蜜意；相处却是今宵酒醒，落入凡尘。"让我想到，关于"相处"，其实还有很多话值得说。于是，后来就抓住"相处"，找到了另一个衍生话题，写了《苍绿流年里，我们有多少时间可以计较》。

## 5.1.3 小结

从自己的文章中寻找新的写作话题，要先给自己的文章分类，如实用类和艺术类。再从纵、横两个方向去拓展衍生，可以产生相对应的几大话题，如实用类横向拓展话题、实用类纵向衍生话题、艺术类横向拓展话题和艺术类纵向衍生话题。思维能力越好，挖掘话题的能力也越强。

这样寻找写作话题，至少有两大好处：一是可以加深对自己写作内容的思考，锻炼纵横两个维度结合的思维模式；二是让自己写作的内容逐渐形成系列化，为建构自己的立体化知识服务体系奠定基础。轻松日更，你也可以。

## 5.2 怎样提炼文章主题

参加写作小组的同学,一脸蒙圈地跑来:"老师,我的文章为什么没有入选?"我被他的表情吓了一跳。忙说:"让我看看你的文章。"看完之后,我问:"你文章的主题是什么?""记一次郊游啊!""不!这不是主题。主题应该是一种思考之后的选择。"看他若有所思的样子,我决心和他聊聊习武的三阶段:

- 见自己
- 见天地
- 见众生

习武,首先是人生修行。见自己,是要正确认识自己;见天地,有人说是胸怀天下,我更倾向于以自然为参悟对象,所谓道法自然;见众生,则是慈悲为怀,将大众生命与利益置于首位,达到忘我境地。

每个阶段都有相对应的选择。选择对,路子才对。

写文章也有相似之处。文章的灵魂即是作者的选择。有什么样的选择，就有什么样的主题，文章灵魂很大程度上就是主题赋予的。

### 5.2.1 如何见自己

文章里应有自己。王国维在《人间词话》里面说：

有有我之境，有无我之境。"泪眼问花花不语，乱红飞过秋千去"，"可堪孤馆闭春寒，杜鹃声里斜阳暮"，有我之境也；"采菊东篱下，悠然见南山"，"寒波澹澹起，白鸟悠悠下'，无我之境也。

说得简单点儿，其实就是文章里面有没有显露自己的鲜明个性与情感。泪眼问花，很显然伤感之情扑面而来，自然就是有我。

有我的文章是一种有灵魂的文章。如何做到呢？写物、写景、叙事，都要追求把自己的情感、态度、思想渗透进去。让景物和人事带上自己的影子。感时花溅泪，恨别鸟惊心。杜甫忧虑、愤恨的情感色彩是不是很浓厚？这是怎么表达出来的？

- 用感性色彩鲜明的词描写景物。
- 感受词与景物结合成短语或句子。

### 5.2.2 如何见天地

文章要有灵魂，可以从自然界中参悟并习得。能写出天地之美，天地之灵气，天地之启示。李白，见庐山瀑布，就见出了天地之美：

日照香炉生紫烟，遥看瀑布挂前川。

飞流直下三千尺，疑是银河落九天。

古往今来，那么多人见过庐山瀑布，为什么独独李白一人能写出豪迈壮观的奇景呢？因为见出天地的眼力不同。眼力来自哪里？

- 观察力
- 想象力
- 思考力
- 选择力

### 5.2.3 如何见众生

心有众生，目光所及之处，就会见出众生的一切。好比是自己买了雪铁龙的车，上街所见都是雪铁龙。

好的作品，往往能以自己一人的感受和想法联通众生的普遍意识。这就是所谓的普适性。四大名著和世界名著哪一部不是这样？举《西游记》为例。

孙悟空是动物、人和神三者的统一体。其中，人的特点就具有代表性。他疾恶如仇，机智勇敢。这不正是人类优秀品质的集中体现吗？九九八十一难，可以看作人生路漫漫的象征；无论谁，克服艰难险阻才能终有所得。《西游记》还常被引用到各行业，被解读出不同的启发意义。如师徒四人如何同舟共济取得真经，对合伙创业有着重大启发。

这从一个侧面说明名著因为作者有着见众生的眼界和情怀而具备了永恒的主题价值。如何见众生？首先，要眼中有众生。其次，逐渐做到笔下有众生。至于具体的修炼手册，待以后慢慢码字，再为您呈上。这里，我还是不由自主地要引用王国维《人间词话》中的句子来结束：

昨夜西风凋碧树。独上高楼，望尽天涯路。衣带渐宽终不悔，为伊消得人憔悴。众里寻他千百度，蓦然回首，那人却在灯火阑珊处。

一句话，不断修炼自己。主题是你在作品中美丽的影子。你有多美，主题就有多美！

## 5.3 如何提升自媒体写作成果的体验感

看脸的时代，阅读体验感"严重"决定了读者对文章的喜欢程度。体验感好，作者就会格外喜欢。反之亦然。

读图时代，手机屏阅读和碎片化阅读，客观上要求作者在网络平台发表作品时，应十分重视文章的配图。

用心配图，图文并茂，锦上添花；随意配图，造成干扰，有害无益。仔细阅读简书优秀作者的文章可发现配图与文章相得益彰，极大地优化了阅读体验感。

我总结了不少优秀作品配图的基本方法，提炼出一些适用度广的重要规律和运用技巧，今天分享给大家。

## 5.3.1 用好"形象化"思维是基本原理

好的插图,是对文章内容(包括思想、情感和事物)的形象化表达。让读者一眼就能感受到文章的"精髓"。

形象化思维,就是把文章表达的抽象内容转化为形象、具体和可感的东西。那么如何为文章配上合适的图片,使之锦上添花呢?先从基本原理说起。

刚开始给文章配图,我只是凭着所谓的灵感,跟着感觉走,没有灵感就只能凑合了事。有一回,我偶然间看到日本设计师坂田伸二的《设计的基本规则》,受到极大启发。

书中最有价值的,不是具体的设计技巧,而是作者重点强调的设计原理和规则。如图 5-2 所示。

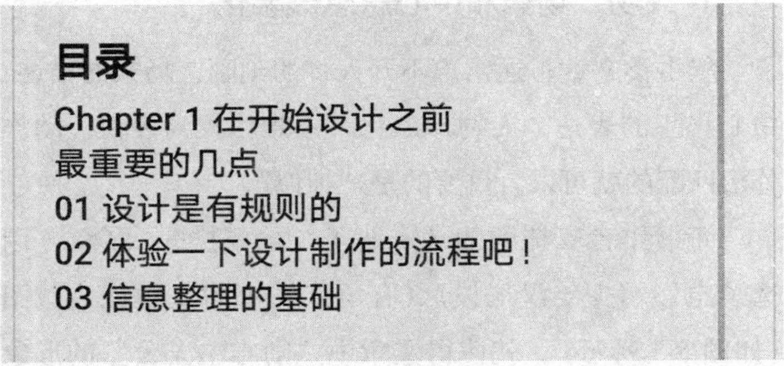

**目录**
Chapter 1 在开始设计之前
最重要的几点
01 设计是有规则的
02 体验一下设计制作的流程吧!
03 信息整理的基础

图 5-2

作者说，在设计之前，要学会整理信息，包括你要表达什么主题（如文案写作目的），有哪些素材，素材的类别和主次之分等。

配图不也是这样吗？配图表达什么？——主题，备选配图——素材。我忽然有种豁然开朗的感觉。这其实就是把抽象内容形象化的过程。根据文章要表达的内容，提炼主题，然后找到匹配的图片，使抽象的思维形象化。明白了原理，接下来我们该谈谈具体的技巧了。

### 5.3.2 三种技巧对应三类文章

所谓一把钥匙开一把锁。自媒体写作，通常会涉及叙事类文章、情感类文章以及干货类文章。我们根据这三类文章分别谈配图技巧。

#### 1. 人物、场景和中心思想形象化

叙事类文章，通常离不开人物的刻画、场景的描述、中心思想的表达。人物形象化，不难！找到表情、动作外形匹配的就可以。重要的是"神似"。

简书作者安梳颜的《一辈子，总要拼一次命》，因选了电影《少年汉尼拔》（有争议）中的人物镜头截图（如图5-3所示），就使得文章中"励志主人公"的形象被清晰地展示出来了。

图 5-3

场景的形象化,也不难!如果不能直接找到匹配的场景图,可以参考以下思路:文中场景—提炼核心词—搜索核心词—选择合适图片以下举个简书作者唐妈的例子。如图 5-4 所示。

文中写到了"沙尘暴"的场景。如果直接搜索"沙尘暴",未必能找到合适的图片。此时可以提炼场景中的核心词,如"头发凌乱、呛人"等,就可以帮助我们搜索到匹配场景的图片。最难的是中心思想形象化!中心思想是一篇文章的主脑,往往体现了作者的文化修养、认识水平和思想深度。中心思想,常常不是一眼能看到的。要使之形象化,就要学会"转换"。

图 5-4

简书"小说连载"专栏里《时光回去,只愿未曾遇到你(一)》一文,其配图采用的是卡通图(如图5-5所示),不但显得可爱,而且把作者要表达的中心也形象化地凸显出来。有两条建议可以参考:

图 5-5

- 用中心思想的关键词搜索配图。
- 手绘图,展现与中心相关的场景。

## 2. 情感、思绪和作者意志形象化

情感类文章的写作,讲究文字的感染力。打动人心的文章,是每一位作者所努力追求的。不过,情感、思绪和作者意志,看不见摸不着。怎么办呢?除了要运用写作技巧使之具体、形象,用好配图也是不可或缺的。

下面举一个简书作者的例子（如图5-6所示）。

图 5-6

读文章标图，我们就能明白，该文的重要情感包含了"温暖"。作者选用了一个瞬间——宝妈与宝贝碰鼻尖。让读者很快感受到"温暖"之情。一般而言，此类文章配图的技巧，可以总结为两个。

(1) 匹配体现"瞬间"的好图

情感、思绪和作者意志往往通过某一种典型的"瞬间"流露出来。抓住这样的"瞬间"，就能一滴水见太阳。

(2) 匹配体现"细节"的好图

细节不但打动人心，而且体现人物的情感、思绪和人物意志。人物的一举手，一投足，一个微笑，一个蹙眉，一个细微的动作无不是内心世界的流露。找到表现细节的好图，自然能达到使情感、思绪、作者意志形象化的效果。

### 3. 知识、原理和重要规律形象化

干货类文章往往会涉及有关的知识、原理或者重要规律，有时也可能是作者个性化的经验。这些内容抽象化的程度是最高的。如果不能用图示加以表达，读者阅读的体验感就会受影响。如何使之形象化呢？

(1) 可以匹配图示化概念

先找出抽象化程度高的知识、原理或者与思想对应的核心语词，然后找一个相对比较具体的近义词。这一步，就把抽象化程度降低了。为便于讲解，我举出自己的一个文章配图案例。如图5-7所示。

"写作定位"是个抽象的知识。如何便于读者理解呢？分析问题之后，找到了"交集"这个相对具象的概念，然后就可以用两个圆交叉，形成图示来表达"写作定位"了。

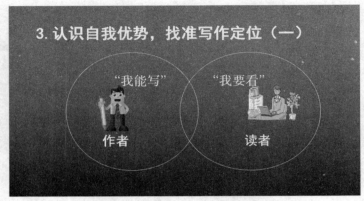

图 5-7

(2) 可以匹配具体场景

如果能找到原理、规律的具体运用场景,就可以使抽象变得形象化了。举例来说,我写《如何有效提高写作的三大敏感度》一文,为了使"注意力、思考力和表达力发挥得又快又好"形象化,就采用了匹配具体场景的办法。如图 5-8 所示。

你看,找到一个具体场景,不但使文章的干货知识易于理解,而且配图也简便易行。是不是好学且易操作?

(3) 可以搭配类比情形

有时,某些原理和规律或者经验,可以通过联想的办法,找到类似的情形。这个类似情形就可以有效地化抽象为具体。下面的例子就是我运用联想,找到类似情形的典型案例。

图 5-8

个人写作的方向和定位，与驾驶时明确目的地和定位具体位置极其相似。如图 5-9 所示。从阅读感受的角度来看，这样的配图还可以引起读者的相似联想，促进对文章内容的理解。

图 5-9

## 5.3.3 总结一下

　　合适的配图，使文章阅读体验感得到优化，同时让文章的内容也易于理解；图文并茂，提升作品整体品质。

　　如何配图呢？首先，要明白基本原理。运用好形象化思维，化抽象为形象。其次，参考三种配图技巧。对应叙事类文章、情感类文章和干货类文章，分别使用不同技巧，达到"人物、场景和中心思想"形象化，"情感、思绪和作者意志"形象化，"知识、原理和重要规律"形象化。读图时代，讲究文章配图，以使我们的文章赏心悦目！

## 5.4 文章被点赞、打赏的原因

在简书写作，你和我都会在意阅读量和点赞数。要不然，隔壁的小王怎么会奔着点赞数排在前几位的"韩大爷"去呢？

点赞数，是用数字固化下来的名声。想想也是，咱拜师学艺、衣食住行哪一样不会跟名声挂上钩？学区房贵？因为好学校办学质量高，名声在外。专家号难挂？因为医术高，奔着去的患者多。吃"海底捞"要排队？因为服务好，有特色，食客都知道。

虽说咱们都看重"心灵美""人品好"和"质量硬"，但很多情况下，双方素未谋面，还是得看名声。文章有了好品质，才会有高点赞数。高点赞数就像是一块金字招牌，悬挂于门头，咱们就是从这儿初识作者的文心笔调。结合自己的学习和实践，我对提升文章点赞数的方法做了一些思考，分享给大家。

## 5.4.1 哇——新鲜感

喜新厌旧，是人的一种天性。撇开人伦关系，道德评价，追求新鲜刺激，其实有助于人们寻找新知、探索新领域。

经典作品，能给人常读常新的奇妙感觉，另当别论。咱们普通作者还得常写常新，才能给读者"半亩方塘一鉴开，天光云影共徘徊"的观感，否则千人一面，千篇一律，只有天光，不见云影，必定乏味。

阅读文章，当然也需要带给读者新鲜感。试想一下，打开一篇文章，发现内容跟你之前读过的大同小异，会不会有一种被欺骗、浪费时间的感觉呢？

同样是写"遇见"，辛弃疾有古诗词的雅致与活泼之美，张爱玲有现代小说的细腻与深情之致：在"众里寻他千百度，蓦然回首，那人却在灯火阑珊处。"——辛弃疾《青玉案》。女子的俏皮与活泼，刻意制造出的风情万种的邂逅，让与她约会的男子好一番寻找。蓦然一回首，却遇到一个"小惊喜"，真是一种无声无息的打情骂俏。

"于千万人之中遇见你所要遇见的人，于千万年之中，时间的无涯的荒野里，没有早一步，也没有晚一步，刚巧赶上了，那也没有别的话可说，惟有轻轻地问

一声：'噢，你也在这里吗？'"——张爱玲《爱》

不得不惊叹于张爱玲的宇宙时空意识，能够那么巧妙自然地揉捏在爱情的浅斟低唱里。这得要有多么深刻的人生感悟和多么卓越的语言表现力才能办到啊！

滚滚长河，没有哪两朵浪花是一模一样的！十五有十五的壮观，初一有初一的纤巧。写文章也是这样，常写常新，方能百看不厌。

## 5.4.2 嗯——认同感

物以类聚，人以群分。认同感，太重要了。读一本著作，如若看着看着，突然来一句："说得太对了！"让人拍案称快。这说明了什么？说明说到你心里去了，你认同啊！

某些励志的文章，为啥那么受欢迎，而且一而再再而三地被转发呢？人对自己认同的好东西，也希望自己的亲朋好友能够看到；或者特别能代表自己观点和立场（尤其是显示自己水平和高度）的内容，甚爱转发分享。

公众号拾遗 2017 年 3 月 20 日发布一篇文章《钱不贵，生活才贵》，阅读量 10 万+，打赏数 922 人次。按照这类文章的写作套路来看，金句在其中起着至关重要的作用。

现在才发现自己原本以为奋斗到一定高度，才可以来享受这些美好的想法是多么愚蠢。

显然，我们和好生活之间，差的并非只是钱。

你看，即便再有钱，心若有枷锁，逃到哪里都是牢狱。

没钱但有态度的人，不管到哪儿，都能将生活过成诗。

……

相信不用我多说什么你就已经很明白，为什么文章会那么火了。不要说"故事+故事"的写作手法，本身极具传播力，单就上面5句所谓的金句，是不是都已经非常打动你了？活在这个3天不努力拼搏就要被甩出2条街的时代，你会深深认同这5句话的。

嗯，点头，认同。这就是点赞、转发的心理机制。忍不住再说说大作家。无论是古代的，还是现当代的知名作家，我们能在他们的作品里读到什么？我把它称为"洞见"，甚至是"偏见"，但这种偏见一定是深刻的、个性化的。

莫言在《蛙》里说："所谓爱情，其实就是一场大病。我的病就要好了。"记得某个电台节目曾经说到，在爱情里，我们都是有病的人。这两种说法如出一辙。

把爱情，比作生病，这的确是一种"偏见"，然而这种偏见却因深刻、有力，颇受人的喜欢，以至于传播久远。怎么样？是否觉得金句就像高能核弹，一旦爆发，就能引发超强认同感?要不您也试试?不过先提醒一句,配合文章的正文内容使用,才会很有效。

### 5.4.3 哈——喜悦感

无人喜欢悲哀。虽然悲哀无可避免。在作品里,应当呈现现实生活中没有实现,或者应当实现的东西,也就是给人以希望。中国人的传统尤其爱好皆大欢喜的作品。喜悦感,带给人快乐、光明和希望。这也是作品能够"讨好"读者的一个方面。举个国外的例子,《丑小鸭》。如图5-10所示。

图　5-10

这种是不是令所有的读者感到欢欣鼓舞，甚至欢呼雀跃呢？一只灰头土脸、命运堪忧的丑小鸭居然摇身一变，最终成为白天鹅。让我们想起什么？我们经常会说"……迎娶白富美！"这其实象征了一个落魄青年，经过一番挫折，精进成为"高富帅"，并最终实现了自己的人生理想。这能不鼓舞人心吗？

你看，喜悦感！鲁迅先生在《药》这篇小说中，为革命者夏瑜的坟头上添了一圈美丽的花环：

华大妈跟了他指头看去，眼光便到了前面的坟，这坟上草根还没有全合，露出一块一块的黄土，煞是难看。再往上仔细看时，却不觉也吃一惊；——分明有一圈红白的花，围着那尖圆的坟顶。

这是另一种喜感。鲁迅先生"深明大义"——必须看到革命的希望！有希望了！同时，内心中也会充满喜悦。

杜甫在《闻官军收河南河北》中写道："且看妻子愁何在，漫卷诗书喜欲狂。"这是看到了平定安史之乱的希望。原谅我一不小心又举了个古代的例子。还好还好，多乎哉？不多啊！看看咱们自己的文章，能带给读者多少喜悦感呢？我的文章，经常板着脸，无多少喜悦感可言，难怪点赞的人不多啊！

## 5.4.4 哦——价值感

文章的价值,多种多样。哦,值!文章阅后,读者能不自觉发出这样的赞叹,这就是价值感具备了。通常来说,干货分享类的文章更应当注重价值感。先举古代著作的例子,再举当代作品的例子。

微信公众号人民日报有一篇文《再向前一步,就是你要的彼岸》(2017-12-17),每当我一懈怠,就会想起它。

为啥?因为花了3分钟时间去读它,没有时间浪费。它让我懂得世界上拼搏的人多了去了,如果在竞争面前,哪怕有一丝的松口,机会就可能把我推开,然后直奔那位努力者而去了。

其中有一段话:

再一次比拼中确实会有输赢,但风物长宜放眼量,在更长的轨迹里,彼岸是相对的,会有越来越多的人参与到这场赛事中。所以,毫无保留地努力,才是你应该要做的事。

——人民日报微信(ID:rmrbwx)作者:韩鑫

为什么有的文章读完了就没有然后?因为缺少价值感。这篇文章读完之后,我果断收藏,一到灰心丧气的时候,我就会翻出来读读,好像给自己打气一样。

咱们现在不是很多手机 APP 都有收藏功能呢？我觉得原因之一就是为有价值的内容设计的。

再举个简书里面的例子吧。彭小六，估计大家都不陌生。他的文章主要就是靠分享个人成长类的干货获取大量点赞。《一个追求高效的学习者手机里装有哪些 APP？》获得阅读量 30 万+，1 万+的点赞量。文章介绍了录音软件、奇妙清单、口袋记账、知乎日报、喜马拉雅 FM、Keep、Forest、得到、扫描全能王、红点直播、Moment、时间记录工具、简书和印象笔记 14 款便捷软件。这对于很多"知识焦虑"的患者来说，无疑是非常实用的工具。因此，值！！

记住了吗？文章如果能制造"哇、嗯、哈、哦"的感觉，点赞数一定会一路飙升。我为什么没有？因为我这四个字做得不够好！你悟性那么高，又善于行动，你一定会比我做得好！

## 5.5 如何根据读者意见优化自媒体写作

都说写作是输出,读书是输入。对于初学写作的朋友来说,如何读书常常是困扰他们的一个问题。在上一篇文章《初学写作,读什么书?如何高效读?如何读以致用?》一文中,我已经分享了我对高效读书的思考。

读书的前提是选对适合自己的书。初学自媒体写作的朋友,如何通过目标读者分析选对书,进而提升阅读、写作呢?今天就和大家聊聊我个人初学写作时选书的一些经验,希望对您有所启发。

### 5.5.1 "听"读者的声音

一次完整的文学活动离不开读者,一次高质量的新媒体写作活动照样不能缺少读者。朱自清先生谈写作时说:"写作练习可以没有教师,但不能没有假想的读者。""如果不意识到假想的读者,必定只是马马虎虎地写下去,等到实际运用,自然便不合适。"

如果说,"极其功利地读书"是我们这个时代必须学会的一种读书方法。那么,听从读者的声音,就是我们自媒体写作必不可少的一个自我提升的环节。

为什么这么说呢?大家都知道,自媒体写作除了要表达自我,更要满足读者的需求。在移动互联网日益普及的今天,读者的阅读环境发生了变化,阅读的需求、阅读习惯也随之发生改变。

举个简单的例子来说。手机屏阅读,带来了读者阅读时对文章排版的一定要求。

如果段落清晰,字体合适,再加上图文并茂,那么阅读体验感就会比较好;相反,如果段落不分,字体过小,图文混乱,阅读体验感就偏差,读者一言不合就会"翻篇"甚至"取消关注"。

那么如何"听取"读者的声音呢?

### 1. 对比不同类读者的反应

大致上,我们可以把读者群分为"常驻"读者和"过路"读者。"常驻"读者是对你的文章真正感兴趣、有需求的读者。他们的反应,应该高度重视。"过路"读者是偶尔来读读你的文章的读者。

把两者加以比较，就很有意思。"常驻"读者会期待你的日更，而"过路"读者往往会采用观望的态度。比较之后，你会发现，哪些内容是你目前写得比较成熟且可读性较强的，哪些内容是不太熟悉但有可能会带来新增读者的。那么，不太熟悉但有读者需求的写作领域，就是你可以通过个人努力来求得发展的区域。如图5-11所示。

图 5-11

## 2. 对比不同类文章的反响

初学写作的朋友，可以尝试不同类型文章的写作，然后对比不同类型文章的读者反应。这就如同咱们去KTV唱歌，刚开始可能并不清楚自己真正适合唱哪一路歌。那就不妨先尝试不同路子的歌吧。唱完之后，观察小伙伴们是真心为你点赞，为你鼓掌，还是碍于面子的应酬式叫好，从中能看出你更适合唱哪一种歌曲。

尝试不同类型文章的写作之后，如鸡汤类文和干货类文，要收集并对比读者的不同反应。最简单的做法，就是对比阅读数和点赞数。很快你就能发现自己适合写哪一类文章。对于自己比较适合写作的文章，要深入比较几篇文章的细微差别，包括读者的留言。比如，读者说，看得不过瘾。这就说明文章在深度或者广度上还不够。

通过以上两步，我们能够收集到大部分读者的阅读反应了。追求结果，我们要明白以下几点：目前，我文章最大的不足是什么？有哪些方面可以通过自学改变？哪一些能够通过阅读达到自我提升？哪一些可能要通过系统化学习才能提高？

很显然，找到了能够通过自学或者通过阅读来提升的地方，就是我们选择书籍的依据。具体做法，给大家两条建议。

- 把需要自我提升的内容变成关键词，然后在适合的互联网平台搜索解决方案或者对应的书籍。
- 向相关领域的老师请教，应该读哪些书。

## 5.5.2 "听"自己的声音

听读者的声音,是为了帮助自己找到目前写作中可能存在的问题或缺陷,追求"有用";听从自己内心的声音,是要从自己的真实需求和兴趣出发,帮助自己确定能读得下去的书,追求"适合"。从这个角度说,自我是最重要的读者。如何听自己内心的声音?

当我们面对初步选定的书籍之后,要确定最近需要读的书。有一位前辈曾经说过:"书桌上永远只放一本书。"这意味着我们应在一段时间内,集中精力读好某一本书。

### 1. 听从自己内心真实的兴趣

我们每个人的知识结构、审美习惯和阅读经历都是不一样的。世界上没有两张完全相同的叶子。因此,即使我们面对同一门类的几本书,感觉和反应也是不一样的。

书本的内容编排、写作风格和封面设计,都有可能影响我们的选择。重要的是,我们应该根据自己内心的兴趣,进行自主选择。"喜不喜欢"是这一步选择的依据,而不是"某某大咖"正在读或者推荐读所以我们才读。

2. 听从自己内心真实的需求

在选择读物的过程中，我们往往会因为外界的力量，忽视了自己内心真实的需求。比如，书商的炒作，或者他人的评价，这些都会影响我们的自主判断。

所以，这一步，应该问问自己以下几个问题，并如实地回答自己。

这本书，我读得懂吗？

我能否坚持读下去？

我能否从中学到我需要的东西？

它能解决我想解决的问题吗？

如实回答自己的问题，如果能得到肯定的回答，那你可以下单买书了。通过第二步选择，就能比较准确地找到目前最需要阅读的书。

## 5.5.3 总结

初学自媒体写作的朋友，可以通过"二听"，帮助自己解决选择读什么书的困惑。一听读者的声音；二听自己内心的声音。

愿你通过"读者分析"找到适合自己的书，让书籍助力写作，成为你进步的阶梯！

第 6 章

# 以读促写有窍门，关键是打通

chapter 6 <<<

大家都知道，阅读和写作是密不可分的亲兄弟。有人把阅读称为输入，写作称为输出。那么，离开有效的输入，就很难维持长久的输出。而自媒体写作恰恰是一场马拉松赛跑，因此我们需要搞明白阅读和写作如何才能互相促进，形成良性的循环。

## 6.1 怎样做到简便易行的高效读书并持续输出

小北：感觉没东西可写了！江郎才尽啊。

小西：没文化真可怕！书读的少了吧？没听老师说，读书是输入，写作是输出吗？

小北：话虽这么说，可是该怎么读书啊？想当年读书时，书不爱我，我不爱书呢！

小西：……

这样的对话，是不是很熟悉？难怪说：听了一卡车道理，还是过不好这一生！读了一仓库书，还是没有动笔写一个字。为什么呢？

好吧。我来斗胆作一番"高谈阔论"，希望我的回答能帮到你，至少是给点启发，不枉我深夜更文。初学写作，怎么看书？桌上刚泡好的明前茶，清香淡淡，让人神清气爽。捋捋思路，细想一番，这其实包含了两个问题：

- 看哪些书？
- 怎么高效看书？如果再追问一下，可以发现，背后还藏着一个问题。
- 怎样看书才能提高我的写作呢？

有时发现问题比解决问题更重要。因为如果重要问题没有发现，而你只能解决小问题，意义就不大了。我结合自己的阅读写作经历和写作辅导经验，为您说说以上 3 个重要问题如何解决。

## 6.1.1 看哪些书

如果我们受了鲁迅先生的影响，可能会回答：什么书都可以看，多多益善。这个回答也对，也不对。从终身学习的角度说，当然读书多多益善。

但是站在我们这个时代来看，知识信息处于爆炸状态，众多知识日新月异，快速更迭。对于一个工作繁忙、生活节奏紧张的学习者来说，贪多求全，何时才能逆袭翻盘，杀出一条血路呢？

这种情况下，我更赞成"极其功利地读书"（职场指导师古典老师的观点）。就是为了解决某个问题针对性极强地读书，读书的目的就是学以致用。对于初学写作的小伙伴，有哪些问题需要解决呢？

- 如何认识写作
- 如何开始写作

针对这两个问题，我推荐以下两本书。如图6-1和图6-2所示。

图 6-1

图 6-2

《趣谈写作》，以聊天的方式，跟我们谈写作是怎么一回事。作者谢普结合自身的学习写作经历，娓娓道来，对初学写作的朋友可能遇到的困难和问题加以具体地论说，让人感觉平易近人。特别适合非写作专业的伙伴们入门选读。

《写作吧！你值得被看见》，同样是一本用写作实例来讲述写作方法和技能的好书。作者的观点往往借助一位学生在写作中遇到的实际问题来引出，然后在案例中引导你一步步解决。初学写作的朋友，读起来也会觉得比较轻松。概括起来说，要有选择性地读书。因为咱们今天的时间紧，而精力有限。别忘了，我们占有书的同时，书本也占有了我们。我们应该牵着书的鼻子走！

再回答一个小问题：什么时候才能开始选择一定方向的专业书？很简单，当你不再为动手写作而完全疑惑的时候，感到内心有一个声音在呼唤你——赶快读点专业书吧，否则会有瓶颈的时候，你就真的应该去好好读专业书了。

## 6.1.2　怎么高效看书

首先得理解什么是"高效"。一小时看一本书，算不算高效？一周时间读了 5 本书算不算高效？看完之后马上画了思维导图，算不算高效？

其实，单纯从时间的角度来看，求速度不算高效。因为所谓的高效，是单位时间的"产出"比较高。我们看书，投入的是时间和精力；产出的是什么呢？以下几种结果，可以测算：

- 用自己的话写感悟式读书笔记
- 在写作中对读书内容加以运用
- 在演讲中应用所读内容

在生活和工作中运用的书本上的知识很难测量。我们这里不涉及。对于写作而言,如果能做到前面两种结果,我觉得可以算是高效阅读了。具体的操作方法也就随之而来:按照循序渐进的原则,先做感悟式读书笔记,再学会在写作中加以运用。我个人的感悟式读书笔记的做法如下,仅供参考。

1. 主题感悟式

如读了《老人与海》(海明威),我对老人是否是个失败者,有自己的感悟。写下笔记:

从谋生的角度说,老人的确是个失败者。因为费了老大的劲儿,居然只能拖着一副鱼骨架回来。加上长时间没有打到鱼,可谓"久旱无雨"。生活怎么办?

从与命运抗争的角度说,老人又是个胜利者。因为最终他坚持到了无可反抗的地步,与鲨鱼搏斗到底,拖着鱼骨架安全回家。精神上,他永不放弃。

从生态主义的角度说,老人是个朴素的生态保护者。他对大海的利用是建立在自然和谐的基础上的,取之有道,取之有情,对蓝色大海有一份深深的爱恋。

2. 方法感悟式

读了季羡林先生的《谈写作》,对其中的方法有所感悟，记录如下：

季羡林先生特别强调读经典，如《古文观止》。而且，他读了之后，还特别善于从内在去模仿。他小时候写作文，就经常想着《古文观止》中的文章怎么写，然后仿照去写。这种方法其实可以概括为熟读经典——模仿构思。

### 3. 技巧感悟式

记得读初中时，有一篇课文叫《荔枝蜜》。作者起初对蜜蜂并不喜欢，可后来喝了蜂蜜，参观了养蜂场才渐渐明白：蜜蜂生命短暂，却无私奉献着自己宝贵的东西。情感上彻底改变——敬佩和赞扬蜜蜂。这种欲扬先抑的技巧，就适合用在情感反差式变化的文章中。

感悟式读书笔记，不是简单摘抄书本内容，而是在笔记中加入个人思考。若"产出"自身思考结果的成分比较大，那的确算是一种高效的阅读。

## 6.1.3 怎样看书才能提高写作

我对提高写作的理解是，要么直接提高某一种写作技巧；要么从写作方法上提高写作能力；要么从整体上提升写作素养。

大家看出来了吧。最后一种提高最慢,但是价值最大;第二种,提高不快不慢,价值比较大;第一种提高最快,但是价值不大。如图 6-3 所示。

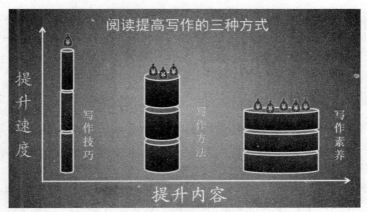

图 6-3

关键看你要什么?如果你想学了就用,立竿见影,那就选择"写作技巧"之类的内容;如果你想提高能力,那就学习写作方法,然后加以整体运用;如果你想提升写作素养,那就慢慢来,先从读经典著作开始,让自己的文学功底逐渐扎实,再好好学习写作的专业理论,并且四平八稳地练好写作基本功,最后选择自己喜好的领域坚定地写作。读万卷书,行万里路,有机结合,逐步走上创作的道路。

- 第一种,如同大火快烧,立马上菜,能解嘴馋。

- 第二种，好比中火烹调，讲究菜品，让人舒心。
- 第三种，类似文火慢炖，功夫到家，可享美食。

分别举例，说给你听：

### 1. 读技巧，用技巧

我读了中国台湾作者林双不的《枪》，其结尾出人意料，感觉其表达效果甚好。

我最后看到的，是司机无比惊慌的神色。

怔怔地站在凌晨两点左右冷冷清清的员林街头，莫名其妙地把车钱再放入旅行袋，才看见旅行袋的右方开口突出一截枪管，那是我在中国台北特地为孩子买回来的玩具枪，枪管太长，无法全部塞进旅行袋。

在我自己的第一篇微型小说《出殡》写作中，就现学现用，得到了立竿见影的效果。

### 2. 学方法，提能力

我记得在念中文系的时候，写作老师是一位喜欢叙事类文学作品的年轻老师。他经常在课上让大家品读小说片段，继而领悟方法，最后通过练习来提高写作能力。这方法我后来用到了自己的教学中，不少同学受益。

比如，微型小说的创作方法运用到记叙文的写作中，常常会带来出奇制胜的表达效果。学生也尝到了写作的甜头。通过这种方法，学生不仅爱上写作，同时构思和表达的能力也得到了提高。

### 3. 阅经典，修身心

所谓经典，一定是经得起时间考验的。流行热闹一时，经典传承几世。阅读经典，可以让我们在语言文字、情感力量、思想深度、写作方法和表达技巧等多方面受益。

《史记》被称为"史家之绝唱，无韵之离骚"。说的是，《史纪》在史学上成就非凡，可谓前无古人后无来者；同时，它又具有极高的文学造诣，堪比无韵的离骚。反复读之，不仅能提高我们的语言表达能力，陶冶我们的情操，加深我们对历史的认识，还可以让我们学到很多刻画人物、设计情节等方面的写作方法。同时，又能让我们在领悟人生世事的过程中有颇多启发。

其他经典著作，也各有千秋，益处不可道尽。写作，说到底是修炼为人处世、精进人生的事。所谓世事洞明皆学问，人情练达即文章，即是为文与为人的相通之处。

阅经典，是一种高级别的为人与为文的修炼方式。不过，需要耐心，需要静心，更需要恒心。若能够全方位提升，何乐而不为？

## 6.2 启动"读写模式",让读书促进写作

要提高写作能力,找一位专业的老师指导固然很重要。可俗话说,师傅领进门,修行靠自身。不管是多少天的写作训练营,总有和师傅分开的一天。正所谓天下没有不散的宴席。离开师傅的指点和督促,离开小伙伴的鼓励和帮助,又该如何自我修行,不断精进呢?这里分享一种"读写模式"给大家,希望可以帮助您进行自我提高。

### 6.2.1 什么叫"读写模式"

通常我们写读后感,是按照先读后写的方式进行的。好处是,先读文章,有了感受再写,利于培养阅读习惯。问题是,如果读了之后没有特别突出的感受怎么办?

你是不是也有类似的经历,捧起一本书,虔诚地读

了半天，结果晕晕乎乎的，没有感受可言。读后感从何而来？不妨试一下我多年实践的"读写模式"。它有两大特点：一是可以先读后写，也可以先写后读。二是以小片段为单位，多角度引发写作思路。

## 6.2.2 "读写模式"操作步骤

### 1. 先读后写

如果你习惯于先读后写，没关系。我先来说说这种情况如何操作吧。无论你是否读全书或者全文，你可以从中找出一个片段。注意，不是全文，是片段。仔细读读这一片段，看看能否从这3个角度展开联想和思考。

(1) 有没有一句话触动我，触动我什么了？

例如：

生命中，总有一些令人唏嘘的空白，有些人，让你牵挂，却不能相守；有些东西，让你羡慕，却不能拥有；有些错过，让你留恋，却终生遗憾。

这段话，假如我对"有些东西，让你羡慕，却不能拥有"有感触，就该问问触动我什么了。也许你会发现，自己就有这样的切身体验。或许，可以就此写一篇关于"羡慕与拥有"的文章。

(2) 有没有哪个词震撼你的心灵，或者特有感觉？

比如：

敞开心扉，宽容的对待别人你就会拥有全世界，记住，千万别为利来，别为利往，笑看人生，你就是最幸福的人。

假如我对这段话中的"敞开心扉"特有感觉，联想到自己因为不愿意打开心门而失去了很多朋友和机会，文章就可以以题"通往世界的门"来写作了。

(3) 有没有哪个标点"恰到好处"，值得推敲？

如：

人生，总会有许多无奈，希望、失望、憧憬、彷徨，苦过了，才知甜蜜；痛过了，才懂坚强；傻过了，才会成长。

文中的分号（；）意味着有多种并列的可能性。这样一来，是不是可以拓展原文，延伸出"哭过了，才懂微笑；跌倒了，才知谨慎"等，通过具体事例写详细，写完整，就是一篇文章。

## 2. 先写后读

在写作中，遇到问题，用读书来解决是一个好办法。好处就在于，针对问题读书，目的明确，容易形成主动阅读的好习惯。这里所谓的主动阅读主要指调动内在的思维，而非外在行为。

举例来说，假设我在写作中遇到不会写排比句的情况，我可以在简书中寻找有关文章来解决。比如：《排比句怎么用比较好》。原文里面有一段是这样写的：

结尾处用上排比句，往往是从多方面总结上文，或者抒发作者的感情，表明观点，能起到画龙点睛的作用；同时也给读者留下深刻的印象。

这段话让我受到启发，并尝试运用排比来结尾，这样就能有切实体会。这就是在写作中遇到真实问题再来读书的例子。是不是很有实用价值？先写后读还能帮助我们开阔视野，增强知识的内在联系，并且有利于形成自己的知识体系。原因就在于：问题带动读书是一种很好的内化知识的学习。

## 6.2.3 "读写模式"适合人群

### 1. 有一定阅读能力却偶尔无感的朋友

偶尔无感，没关系。其实说明在阅读中可能浮光掠影或者蜻蜓点水了，这也许是阅读疲劳吧。用我实践过的"读写模式"可以对抗这种疲劳。因为它可以帮你从阅读面上的"模糊"感走出来，逐步进入阅读点上的"清晰"化和细致化。

## 2. 找不到写作素材但需要日更的伙伴

还是那句老话——巧妇难为无米之炊。没有素材往往伴随着没有话题。如何在山重水尽疑无路的时刻,迎来柳暗花明又一村的惊喜呢?用上"读写模式",可以帮你解决困难,找到写作话题。因为它是一种把读写有机结合的好方式。

读和写,本来就是好朋友。谁先谁后不重要,重要的是互助合作才能成就彼此。读可以滋养写,写可以促进读。善用此法,受益匪浅!

# 第7章

# 掌握这3条，你也可以写出互联网爆款文

chapter 7

随着自媒体热文的传播，大家对所谓的互联网爆款文越来越关注，同时也希望学习它们的写法，不断促进自我提升。经过对一定数量的互联网爆款文进行总结分析，你会发现这些文章可以分为不同类型，写作方法和技巧也各有千秋。

## 7.1 如何把情感类文章写到读者心里去

每个人都有一场爱恋，
用心、用情、用力，感动也感伤。
我把最炙热的心情藏在那里。
你不懂我，我不怪你。
每个人都有一行眼泪，
喝下的冰冷的水，酝酿成的热泪。

我把最心酸的委屈汇在那里。

你不懂我，我不怪你。

每个人都有一段告白，

忐忑、不安，却饱含真心和勇气。

我把最抒情的语言用在那里。

你不懂我，我不怪你。

你永远也看不见我最爱你的时候。

因为我只有在你看不见我的时候，才最爱你。

同样，你永远也看不见我最寂寞的时候，

因为我只有在你看不见我的时候，我才最寂寞。

——节选自网络诗《你不懂我，我不怪你》（作者有争议）

说老实话，我读这段诗还是被感动到了！随着年岁的增长，原本敏感的心，逐渐被世事磨出了老茧。即使有不少感人场合，但我这等老油条的眼眶总是不容易湿润的。读到这段话，眼角却禁不住有些潮湿了。

男儿有泪不轻弹。这句话憋住了多少男子汉一往情深的热泪。从小，我就是在父母的教育下，学会了坚强。跌倒了，不哭；失败了，不哭；委屈了，还是不哭。

可那一句"每个人都有一行眼泪，喝下的冰冷的水，酝酿成的热泪。我把最心酸的委屈汇在那里。"却勾起了对委屈的感动。

这是多少肩负着担当和责任的男子汉们，内心深处难以言说却必须承受的痛啊！感动之余，忽然想到现在很多朋友都在写文章，爱读情感类文章的读者还不在少数。于是内心又蠢蠢欲动，想写一点文字来和大家交流一下，怎样才能把情感类的文章写到读者的心里去。

## 7.1.1 情感类文章靠什么打动读者

从心理机制的角度说，什么叫感动？感动是指人的内心因受到外界事物的影响而产生同情、温暖、激动和敬仰等情绪体验。

文学上，把这种感动称为"共鸣"，指的是读者与作品中内容（尤其是人物）自然建立联系，从而引发情绪上的"地震"。

说到这里，大家都明白了。感动必须是你情我愿，双方情感频率一致才能产生的。要期望一部作品感动所有人，是不大可能的。

所以我们会发现，戏剧更容易感动老年人；韩剧更容易感染年轻男女；而木偶奇遇记之类的故事更容易俘获小朋友的心。

这都是我们常说的情感共鸣。伟大的作品因其情感频率与绝大多数读者都能吻合，因此它们感动的力量和范围就比一般作品要大得多、广得多。

四大名著为什么那么受欢迎？尤其是《水浒传》和《西游记》。引发情感共鸣是一大原因。《水浒传》的侠肝义胆和英雄豪情，男女老少但凡有些正义感的，都会喜欢的不要不要的；《西游记》就更不用说了，孙悟空、猪八戒、沙和尚和白龙马都是集动物、神和人的特点于一身的，人的情感演绎得纤毫毕现，怎能不打动人心？

孙悟空因怒打白骨精被唐僧错怪，以至于要被撵回花果山。这一出，孙悟空的人性特点就被淋漓尽致地展现出来了。

无可奈何却又忠心耿耿，委屈隐忍却又担心师父，复杂的情感，往往能引起我们类似的联想，从而让读者产生强烈的共鸣。只有让读者产生情感共鸣的文章，才能走到读者心里去。

## 7.1.2 先说说内功心法

这有点勉为其难。内功心法其实要靠领悟，一旦说出来似乎就不是那么回事了。但既然要分享，还是努力尝试说清楚一些。

### 1. 文章要有真情实感

这似乎是一句正确的废话。但是不得不提。但凡有写文章经验的作者都知道，单靠技巧写出来的文章，真的很难打动人，尤其是情感类的文章。

从根本上说，写情感类的文章，得要有切身体验，而后有感而发。这样，文章才有感动他人的基因。为什么很多时候把写文章比作是十月怀胎呢？

因为需要作者把自己的真实体验和情感经历，像炼丹一样，加以酝酿、发酵，最终才能写成动人的作品。说白了，先让自己感动，再化为文字去感动别人。

### 2. 文章要作艺术加工

要求文章有真情实感，并不等于写文章完全照搬照抄生活原样。如果那样的话，就可能走到流水账和"照相机"的死胡同里去。结果不但不能感动他人，反而给人一种味同嚼蜡的感觉。

啥叫艺术加工？简单来说，为了某种情感更加集中和突出，可以发挥想象，对某些素材加以裁剪、组合甚至适当的变形。

举个例子来说吧。卡夫卡的《变形记》，为了凸显社会对人物的异化和人情的冷漠，作者通过大胆想象，描述了主人公格利高里突然变成一只甲壳虫的奇异经历。

这就把人们因异化引起的恐惧、愤懑和抗争写得异常鲜明了。必要的艺术加工是为了更好地表情达意。毕竟，文学源于生活而高于生活。

## 7.1.3 再说说具体的技巧

### 1. 借助具体的事物

通常，人的情感是看不见摸不着的，要写出来且打动人心，就必须显性化。如何显现呢？就是借助具体的事物。举例来说，白居易《忆江南》：

江南好，风景旧曾谙。

日出江花红胜火，春来江水绿如蓝。

能不忆江南？

江南忆，最忆是杭州。

山寺月中寻桂子，郡亭枕上看潮头。

何日更重游。

白居易是如何把自己对江南的思念之情写出来，并且传达给咱们读者的呢？

如火的江花，碧绿的江水，月下桂子和澎湃的潮水等，正是这些最具有代表性的具体事物，将词人对江南的喜爱之情，呈现在我们面前。让我们有种身临其境的感觉。同时，这些景物连同情感一起走进了我们内心。

## 2. 描写传神的细节

我们都知道，细节具有打动人心的力量。原因就在于细节特别能给人真实感和现场感。写人记事或者写景抒情的文章，如果能描写几个具有代表性的细节，所要传达的情感也就随之走到读者心里去了。

比如，鲁迅的《阿Q正传》描写阿Q宣布"投降革命"之后："好，我要什么就是什么，我喜欢谁就是谁。得得，锵锵！悔不该。酒醉错斩了郑贤弟，悔不该，呀……我手执钢鞭将你打。"

这一段语言细节描述，写出了阿Q套用《龙虎斗》中的戏文，表现自己的得意。从而把作者对阿Q盲目乐观的讽刺和同情，表现得可感可触。人物和情感因此能一并走进读者心中。

### 7.1.4 总结如下

情感类文章主要通过"共鸣"，走进读者的心里。要达到共鸣，作者首先要有切身体会，并用心酝酿，使文章具有真情实感；同时，写作时可通过适当的艺术加工来突出情感，使其鲜明。在具体的技巧上，可以借助具体事物和细节描写，来达到表情达意，使文章深入人心的效果。

## 7.2 如何写好干货类文章

新入行的自媒体写作朋友，最关心的就是如何才能尽快开通原创。鸡汤文、搞笑段子和自拍视频，这些都是自媒体人打造个人大号的血拼之地。吸粉、引流、博首页，无不争先恐后要用这些内容。不过，要是能写出内容优质的干货文，开通原创就不难了。这是一个娱乐的时代，也是一个学习的时代。靠娱乐能博人一笑，但很难使人提升认知。

这就好比是流行与经典。流行可以欢腾一时，而经典却能流传几世。原因就在于，好的内容不在于博眼球而是博心智。

### 7.2.1 这个时代为什么需要干货文

"罗辑思维"的创始人罗胖有一本书，名为《我懂你的知识焦虑》。这本书告诉我们，这是个信息和知识快速迭代更新的时代。我们面临着各种各样的信息轰炸，同时各种各样的问题又急需解决。

### 1. 升级认知需要干货文

最近大家都在谈论这个话题——升级认知。多数时候，我们担心自己落后实际上是担心自己的认知跟不上。可是对于很多上班族来说，又很难通过学校系统的学习来提高自己。这时干货文就可以发挥它的作用了。举个例子，一些高质量的书评和说书文，就可以帮助我们节约时间，提升认知。

### 2. 解决问题需要干货文

随着移动互联网的普及，普通老百姓利用互联网搜索信息、获取知识的可能性越来越大。无论是生活、工作，还是事业，一遇到问题我们就会习惯性上网寻找解决问题的办法。这样一来，优质的干货文就显得特别重要。比如，如何高效阅读，怎样让手机不再卡等。因此，能提供解决方案的干货文就会很受欢迎。

### 3. 碎片化学习需要干货文

传统的学习，或者说严格意义上的学习，人们往往是通过学校的教育去获得的。但是终身学习的时代已经到来，怎样在工作之余，不断提升自我价值，让自己立于不败之地呢？

这就需要掌握碎片化学习。碎片化学习，简单地说就是利用小块时间，见缝插针地学习。比如等车的 5 分钟时间，睡前的半小时等。有句话说得好，决定你身价的往往是下班后的几小时。干货文短小精悍，和大篇幅的书本比起来，自有其优势，适合碎片学习时使用。

## 7.2.2 什么样的干货文才是上等好货

干货文可以写得晦涩难懂、面目可憎，可以写得干湿适度、情理兼美，还可以写得笔尖花开、人见人爱。同样的内容，不同的写法，可能效果截然不同。

### 1. 好的干货文，首先是干货

有些标题党，为了吸引大家注意，故意在标题上加注"干货"两字。可是点进去一看，莫名其妙，不知道作者提供的干货究竟在哪里？

要么提供解决问题的办法；要么提升人的认知；要么给出具体的可操作的建议和做法；要么列出能利用的知识信息。总之，要让读者从你的干货文中得到真正有用的东西。

举例来看看。假设《如何有效减肥|干货》这篇文章，从头到尾只是说减肥如何重要，不谈减肥的方法和具体措施，这就是一篇假的干货文。

### 2. 好的干货文深入浅出，通俗易懂

自媒体写作，不是学术研究，如果能把问题探讨得很深入当然是件好事。可是，只有深入，无法浅出，就不能产生广泛传播的价值。

如同一个得道高僧，他自己能把经书钻研得很透彻，可是你去问他，他只会说："你自己去参悟吧。"妈呀，到头来只有高僧一人得道升天，众生依然在苦海里挣扎。好的干货文不能做这样的高僧。要做能把宇宙大事也说得像剥洋葱那么轻巧的高僧。

## 7.2.3　怎样写出上等干货文

上等干货文就要用上等写法。

### 1. 最为紧要的就是"条理"

什么是条理？打个比方吧，给你一堆各种各样的水果。你如何在最快的时间内给小朋友介绍清楚呢？最好的办法就是，先把它们分类，然后依次介绍，最后还可以请小朋友尝一尝。概括提炼一下：分类、排序、体验。

其中，分类和排序就属于条理。写干货文也要讲究内容分类、顺序合理。先写什么，再写什么，最后写什么以及哪些内容应该放在一起写等，动笔之前都要有所考虑。

### 2. 突破重点内容

一篇上等干货文，里面可能包含了一个他人难以理解或者陌生的内容。这种情况该怎么处理？要深入浅出地加以说明、解释。

举个例子来说。《怎样使文章有灵魂？》这是一篇谈文章主题的干货文，其中有一个难点就是向大众读者说清楚什么是文章的主题。这里可以采用两个办法。

- 一是打比方，文章的主题就好比是人的灵魂；人没有灵魂如同行尸走肉，文章没有灵魂如同一盘散沙。
- 二是举例子，举出《匆匆》《我谈了一场见不得光的恋爱》等，说明主题的意义。

### 3. 要学会高效表达

让人猜，让人费尽心思才能读懂的干货文，很难让大家广为接受。高效表达，就是用尽可能明白易懂的方式说清楚事物的道理。举例来看，"星星之火可以燎

原",这句话就很清晰形象地告诉我们正义力量再小,也能不断发展壮大。在这里,将高效表达的技巧,"泄密"给大家:

- 多用打比方
- 学会举恰当的例子
- 用大家都明白的语词

## 7.3 这4条研究结论告诉你疯狂转发的原因

疯狂转发！看到这4个字，自媒体人和企业新媒体写手都会特别激动。这跟自己的身价紧密相关啊。一篇100万+的文章，带来的好处不仅是声名远扬，更是身价飙升。这也算是一夜走红的一种。

怎么样才能让用户疯狂转发呢？自媒体人一直在探索，在学习，在实践。网络上各种文章，像介绍吸引眼球的标题技巧，金字塔结构的文章构思方法，以及学会和用户聊天的表达方式等。

不少方法还真接地气，也有一定实用性。相比这些大牛大咖总结的方法，《众媒时代》一书介绍了基于100万篇样本的研究报告，指出文章被疯狂转发的4条结论。

### 7.3.1 包含研究结论以及强观点的内容

文中举了《纽约时报》《大西洋月刊》等发布的文章，通常是内容领域最新、有规律的东西。为什么这类内容容易被转发？我们先来做个试验。

现在告诉你，女人比男人更聪明。该结论通过两个平台来发布。一个是今日头条；另一个是我的个人公众号。

请问，谁更容易被转发？毫无疑问，当然是今日头条。除了今日头条的流量更大，还有一个原因就是，今日头条更具有权威性，更容易被人信任。这就不难理解为什么很多冠以专家学者名称的江湖骗子那么容易行骗了。自媒体作者通过传播权威结论和强观点内容，文章自然就容易被转发。

### 7.3.2 不是短文，而是长文更容易被分享

研究指出，10%的文章（所选调研文章）获得了最多的分享数量。从长度来看，这些文章都是3000~10000个单词的长文，它们的转发量是1000个单词以下的短文的2倍。

这又是为什么呢？想想我们的写作文经历就明白了：

小学毕业 500—600 字，初中毕业 700—1000 字，高中毕业 1500 字，大学毕业 5000—8000 字，硕博毕业都是数万字。

长文更能显示有内容，有"智商"。这样一来，转发长文就成了有调性、显智商的表现。人们当然就愿意了！事实上，真正有内容的好文章，也的确容易写得更长。所以还是内容为王啊。

### 7.3.3 引发用户情绪变化

情绪这玩意，的确对人影响挺大，特殊情况下能左右人的行为。比如，冲动是魔鬼。不少极端行为就是在冲动情绪支配下才做出的。

激动和兴奋的情绪也有助于人的某些积极行为。比如适当兴奋，就能使运动员在比赛中发挥出更好的竞技水平。转发文章的行为，能不能利用情绪来驱动呢？不仅能，而且研究还指出不同情绪的不同驱动作用。如图 7-1 所示。

这就不难理解，一些看起来带着一股子情绪的标题为什么点击率特别高了。像《我不希望老了还很穷！》这样的文章就是利用了人们的担忧心理和共鸣情绪。这下你可以明白，好的文章为啥既有料又有趣了。

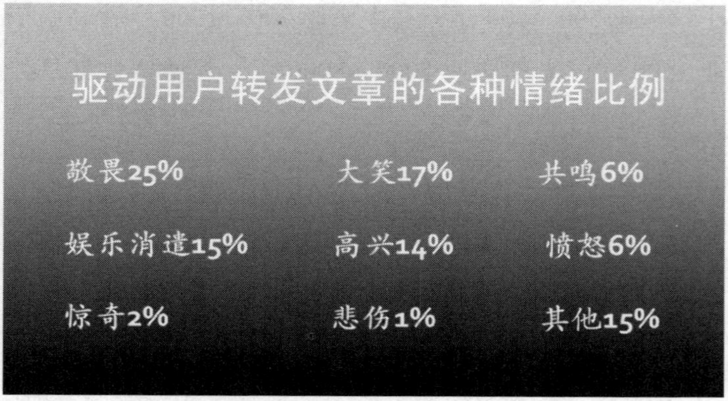

```
驱动用户转发文章的各种情绪比例

敬畏25%        大笑17%        共鸣6%

娱乐消遣15%    高兴14%        愤怒6%

惊奇2%         悲伤1%         其他15%
```

图 7-1

## 7.3.4 有影响力的内容

在你看来,是不是令人惊讶的、有趣的图片和视频更容易被人转发?的确,要不然现在的短视频为啥那么火!书中的研究报告指出,真正有影响的内容并不是这些有趣的、令人意外的图片和视频。为什么?因为这些东西不会被权威的网站和部门引用,很难斩获主流的舆论影响力。

这是不是给了我们很大的启发?写文章不能以取悦读者为目的——读者也是会被宠坏的;做短视频,写搞笑段子,是不是也要重视内容的质量和品位?!总结一下,容易引起读者疯狂转发的因素,如图7-2所示。

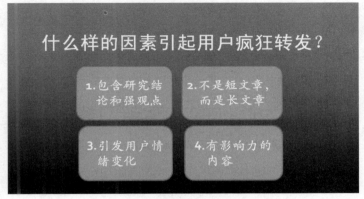

图 7-2

## 7.4 为啥你的文案苦口婆心，换来的却是冷冰冰

下面是一则微信群的文案，从早上发布到晚上11点，几乎处于无人问津的状态。

还在羡慕别人的游戏月赚过亿？！不用投资研发、不需要懂运营，公司全程协助，你只要动动手指分享就能赚钱！

胡徕互娱免费开放自有棋牌游戏平台"胡朋将友"给朋友们认领，为您搭建独立的运营平台、独立的对账平台，提供免费培训、免费推广、免费客服及维护，不需要您懂运营，我们会帮您制定全套市场方案！！花钱玩别人的游戏，不如自己领一个，从此玩自己的游戏，赚别人的钱！！

不用怀疑群有问题——该群我每天都会冒泡，活跃度相当高；大家都会在里面发表各自的言论，群主也会

经常组织不同领域的一起学习。

上面的文案就是群内开发游戏的一位群友发布的。他的目的是组织一次免费的游戏项目认领、分享会。既然是免费的，为什么还如此"冷冰冰"呢？

### 7.4.1 用户对你文案内容的认知起点在哪里

看到"游戏月赚过亿"，什么样的人才会有反应？游戏高级玩家，项目投资方，还是普通的微信用户？先说游戏高级玩家，他们中相当一部分人的确可以通过超级游戏技能赚取钱财；项目投资方更希望投资一个具有强大潜力的游戏，去占领市场，从而获得高额投资回报；普通微信用户呢，更多地认为游戏只是烧钱，玩玩而已。

你看，这三种人对于"分享游戏项目"这件事可谓知之甚少。也可以说是基本无感。你让一群基本无感的人去报名接龙，难度可想而知。

### 7.4.2 你的文案要传达几个信息点

我们知道，人的大脑对于信息的接受是有选择性的。通常跟自己相关或者新鲜刺激的信息容易引起我们的注意,这就告诉我们文案写作者,必须在一个文案中尽可能集中呈现一个信息,以便于用户接受和记住。

上面的文案,不仅陌生的信息语词,如"投资研发""胡朋将友"和"对账平台"等比较多,而且想表达的内容涉及游戏项目认领、运营维护和赚钱等多个信息点。这对于用户在"扫一眼"的过程中抓住重点是比较困难的事。

### 7.4.3 你的文案在哪里发布和传播

写文案的时候,我们经常会忽略这个问题。可是想一想,同样一个文案,在地铁站、超市门口和网络上发布会有什么区别?

地铁站,人来人往,看似客流量很大,可是大家都是急匆匆赶路的,多数人没有耐心仔细看文案;超市门口,进出的人也很多,大家逛超市的心情也比较悠闲,所以即便是传单也会花点时间看一看;网络上呢?信息众多,如果内容不是特别吸引眼球,估计连被点开的机会都没有了。

- 要解决用户认知起点的问题。由于大家都对认领游戏比较陌生,所以不妨先从分享经济的具体案例谈起比如"分享课程赚学费""分享产品享打折"等,降低群友的认知难度。
- 重点突出某一个信息点。根据分享会的重点,可以选择如何认领游戏来引发大家的关注。
- 因为本文案是在群内发布的,所以可以简化语句,并且@几位老友,已引发大家的从众心理。好文案上天堂,坏文案误会一场。

第 8 章

# 揭开层层面纱，我们来看看新媒体写作的庐山真面目

chapter 8
<<<

拨开纷繁复杂的自媒体写作现象，我们逐步走近它的内在核心。这一章，我们一起来思考和探讨是什么决定了自媒体写作应该那样，而不是这样。这其实就是底层逻辑。

## 8.1 全民阅读和碎片化阅读

读书谁不会？认识字，不就行了嘛？事实上，真没那么简单！想一想，我们现在能静下心来读书的时间是多少？半天？2小时？1小时？20分钟？我的天哪，老孙掐指一算，我今天用来读书的时间只有15分钟。也许你会说，时间没问题，我是新一代宅男宅女，有的是"2小时"这样的整块时间啊。

好吧。但是你发现没有，你刚买的《×进》还没读到一半，你的朋友圈又有人在推荐《×××学习》了。全民阅读时代已经开启,全民写作和全民自媒体的时代也已经来临。

忽如一夜春风来,"千书万书"梨花开。各种各样的书,电子书、纸质书,扑面而来。更新的速度也快得可以赶上中国高铁了。面对信息的海洋,书籍的海洋,我们的阅读将何去何从?目前,大家比较认可的读书方法有以下三种:

- 拆书法

这是一种致用类的读书方法。其中所谓的×××便签法,强调从书中选择实用的片段,分析拆解,然后用到实际生活、工作中。其优点显而易见,学以致用。弊端就是选择书籍有约束,必须是致用类的图书。

- 主题阅读

这是同时读一组书籍的方法。按照某个主题,如怎样有效减肥,根据相关度搜罗一组书籍,然后展开研读。好处是,你可以广泛了解到这个领域的知识。同时,也有利于发现同一主题之下不同书本之间的内在联系。

- 其他阅读法

如深度阅读、快乐阅读等。接下来,聊聊我个人对碎片化时代如何高效阅读的思考。

### 8.1.1 阅读环境的变化

一个是外部环境的变化；另一个是内部环境的变化。外部环境，最明显的就是世界越来越"浮躁"。要找一个安静的处所很难。来自外界的干扰越来越多，灯红酒绿、歌舞娱乐、人潮人海、时尚走秀等，都以各种形式无时无刻在冲击着我们的生活。

内部环境，就是我们所面对的时空碎片化，引起我们内心的碎片化。举例来说，我们前一个小时还在千人会场开会，后一小时就可能在私人会所里喝茶了，经历这种剧烈的时空转换，内心的印象其实是很难连贯的；或者，我们在排队等候的5分钟内，读了200字的文章片段，完整的文章就在我们内心被割裂成碎片。

### 8.1.2 阅读书籍的选择

阅读环境变化的同时，我们面对的知识和信息载体——书籍、文章、图片、视频和音频如同病毒的滋生，一波接一波，源源不断地冒出来。

那么该如何选择适合自己的读物？要知道我们的时间和精力是有限的，一旦决定读这本书，就失去了读那本书的机会。因此书籍的选择，成了我们有效阅读的首要前提。我个人的选书方法，在这里分享给大家：

### 1. 根据读书目的选书

如我最近想学习设计,那我就集中注意力寻找有关设计的书。如果能进一步明确方向,如平面设计,那就专注于选择平面设计的书籍。

### 2. 根据专业知名度选书

每个领域都有大牛、大咖和大V,选书之前,不如先去了解你所要了解的该领域的知名人物是谁。举例来说,我要学习小说创作方法,那就先搜索该领域的知名作家或者领军人物,然后去读他的著作,这样可以有效提高学习效率。

### 3. 根据参考文献选书

很多写作态度严谨的作者,都会在自己的著作里面留下参考过的书籍信息,这就是重要的线索。根据这条重要线索,能够顺藤摸瓜,读到更重要的书籍,有效提升阅读功效。

## 8.1.3 阅读方法的选择

选好读物,接下来阅读方法的选择就尤为重要,否则功亏一篑。通常有以下几个依据:

## 1. 阅读目的

如果只是为了休闲,那么坐着躺着,跷着二郎腿都没关系,想怎么读就怎么读。如果是为了解决某个问题而读,那么就要选择功利性很强的读书方法。

举例来说,我要想解决"如何提高职场沟通能力"这一问题,那就根据关键词"职场""沟通能力"等,搜索相关书籍。同时,读书过程,也是直面问题,无关章节可统统掠过。

## 2. 阅读能力

每个人的知识结构、审美品位、个性气质和基础能力都不一样,即便是读同一本书,也不可能读出完全一样的结果。

这就是我们常说的,一千个读者就一千个哈姆雷特。根据自己的阅读水平,选择难易度合适的方法。如果一味追求高大上,每读一本书都来一通"思维导图",就没必要了,且浪费时间。

例如,我最近在读哲学类的书籍,因为功底不够,所以选择了"浏览"+"跳读"的方法。一来可以选择能读懂的内容;二来减少不必要信息的干扰。全民阅读时代来了,一起去迎接知识浪潮的挑战吧!

## 8.2 互联网热点文章阅读心理分析

从事自媒体写作,都希望能产出热文。无疑,能引起转发是形成热文的最重要条件。那么,如何才能引起千万次的转发呢?

纽约时报对此进行了调查研究,发现一共有4条法则。《众媒时代》采用了这一结论。结合自己的思考和自媒体写作经历,我把这4条法则分享给大家,希望对大家有帮助。

《纽约时报》此前面向2500名读者进行调查,发现他们转发文章的动机来自以下几个方面。

### 8.2.1 分享有价值或娱乐性内容给他人

这其实源于对他人的一种帮助心理。比如当我们遇到一篇"如何提高管理能力"的好文章,就会主动转发给在企业担任高管或者正在创业的朋友。

娱乐性内容，我们也希望分享出去。独乐乐不如众乐乐。这是人类的天性。有趣的，好玩的，搞笑的图片、视频，大家都愿意随手转发到群里或者朋友圈，就是希望把快乐带给他人。

前几天，一个小男孩祝福中秋节的小视频，引起大家不断转发。嗲声嗲气，童趣无限，萌萌哒，人见人爱。追求价值和快乐，是我们共同的诉求。

## 8.2.2 定位和展示自我形象

通过分享转发，"告知"他人自己是什么类型的人

自从有了QQ、微信等信息化社交平台，大家都逐渐明白，除了在线下公众场合要展示自我，其实，线上互联网世界也是打造自我形象的大窗口。

尤其是希望通过新媒体打造个人品牌的朋友，都在有目的、有规划地展现自我优势。如果一篇好文章，恰好能体现他的某方面独特眼光和价值观，转发就会顺理成章。

举例来说，你希望在朋友圈展现自己的孝心，那么类似《你出游，我国庆回家陪父母》的文章，你更愿意转发；假如你特别在意健康，希望传达给他人更多健康

理念,《熬夜的十大危害》就成为你必转的热文。你是谁,你就会打造和展现谁的名片。

### 8.2.3 维护关系

(分享转发可跟他人保持联系)朋友之间,你来我往,形式多样。志同道合,就更需要有"内容"作为纽带。毫无疑问,一篇好的文章,不但体现自我眼光,而且也能成为朋友、同事、亲戚和伙伴之间可以开启话题、彼此欣赏的由头。

假设你是个厨师,有一位做茶生意的朋友,那么如何维护彼此之间的关系呢?除了日常的往来之外,分享茶文化也许就是个不错的选择。

前段时间,我有个做中医的朋友,发了篇《中医文化的终极目的在于教化人心》给他看,他深表赞同。我们你一言我一语,互相碰撞,情谊就加深了。今年过节不送礼,送礼只送好金句。只有好内容才能激发深度交流。

### 8.2.4 自我实现

分享转发会给人一种"更多关注和参与世界"的感觉。我们不但活在线下,也活在线上。尤其是语言,更是我们人类存在的家园。

　　常说的"刷存在感",分享好文、好图和好视频,让我们有一种"但愿人长久,千里共婵娟"的感觉。移动互联网时代,我们离开了网络世界,意味着存在产生了错位。写出好文章,带给他人自我实现感,这就是转发的理由。写出好文,促成转发,你也可以成为"10万+"作者。

## 8.3 新媒体时代写作活动底层规律与新四要素

前几天,一位朋友让我帮忙看看他的一篇演讲稿。我看完之后,提了两个问题:

- 演讲的对象(观众)是谁?
- 这次演讲要达到什么目的?

朋友回答说:"这篇演讲稿是我公司办公室主任写的,文采不错啊!"我只说了一句:"玫瑰花很美丽,但你会送给你爷爷吗?"我的这位朋友笑了:"明白了。"

进入新媒体时代,人人都有机会成为自己的代言人。那么,是不是只要文笔好,就可以在任何时候"南北通吃"呢?

其实新媒体写作还有底层规律需要知道和学习。否则,我们只是一味地学习写作的技能,训练写作技巧,要在风起云涌、写手众多的"武林"中找到自己的立足之地,并且良性发展下去,那可就难了!

冰山露在外面的只是一小部分，真正起支撑作用的是下面看不见的、容易被忽视的部分。我们要掌握冰山全貌，就应该把视线延伸到海平面以下去。

### 8.3.1　什么叫底层规律

一群人在讨论学霸为什么学习那么好。有的说，学霸学习特用功，几乎不怎么休息；有的说学霸智商高，先天条件好；还有的说，学霸父母教育孩子的方法很有效。

这些说法似乎都有道理。但是，如果我们从这些方面去模仿学习学霸，会取得良好的进展吗？我们会发现，有些孩子学习也特别用功，几乎不休息，可是学习成绩真不怎么样；有些父母努力改进自己教育孩子的方法，也不见得奏效；那些智商高的孩子也不全是学习成绩很优异的。

这是怎么回事呢？学霸学习好的最根本原因是他自己找到了一种适合自己的学习方法和认知模式。这就是所谓的底层规律。我们所从事的各种行业和工作，都存在这样的底层规律。

举个例子来说吧。一些朋友都想利用下班时间做滴滴专车司机，经过一段时间努力终于拿到驾照。买了车之后，暗自高兴，觉得自己可以赚到钱了。可是一上路，发现赚钱其实没那么简单。因为他不但要学会相关软件的使用，懂得路线的选择，了解当地乘客的出行习惯，遵守交通规则，还要学会与乘客简单交流，同时还得学会如何与同类司机竞争。

你看，学当滴滴专车司机，表面上看，核心能力似乎是驾驶。事实上并非如此，驾驶技术最多只能算是重要技能。底层规律是，要拥有驾驶技术之外的所有司乘运营能力。

简单地说，底层规律就是事物运行的基础性规律。打个比方，看到鸟儿飞，不觉得"扇动翅膀"是规律，而要看到"空气动力"才是规律。

### 8.3.2 为什么要学习底层规律

学习底层规律的原因主要有两个。

1. 技能往往是相对独立而简单的，但技能运用的环境却是复杂多变的

大家都知道，中医给病人抓药，就得要懂得各种中草药的药性和作用。有许多药房里的药师已经掌握了很多中药的知识，也能配出一些药方来，但为什么他们不能去门诊给病人配药呢？因为配药这个技能，在实际运用过程中，要根据不同病人的病情及其发展变化来做发

挥，否则很可能耽误病情甚至害了病人。配药技能本身也许不复杂，但配药技能所使用的对象——病人和病情就复杂了。

### 2. 掌握底层规律才更容易成功

我们会发现，世界上但凡成功的牛人，发言往往很有见地。原因不在于他们口才好，而在于他们往往深度思考问题，掌握了底层规律。

以雷军为例，他总结了自己成功最重要的三点。如图8-1所示。

在创业之初，雷军称他认真研究了BAT三个大佬的创业史，尤其是马云的经历给他很大的启发。"今年3月，我去杭州跟马云长聊，主要表达了感谢之情。"他从马云的成功，总结出了创业的最重要的三要素：巨大的市场；一群靠谱的人；与同行相比，有一笔永远花不完的钱。

图 8-1

所以，如果只是觉得要造好产品就能成功，那么雷军也就不是雷军了。

### 8.3.3 新媒体写作的底层规律主要有哪些内容

我们首先要了解新媒体写作底层规律涉及哪些大的模块。

#### 1. 四要素

这里，我先把美国康奈尔大学英语系 M.H 艾布拉姆斯教授在他的《镜与灯——浪漫主义文论及批评传统》（1953年）提出的著名"四要素"说分享给大家。如图 8-2 所示。

图 8-2

深奥的理论，我就不展开说了。简要说说"四要素"的用处。

（1）它告诉我们写作的成果必须在读者那里才能真正实现价值。

文章写出来,没有读者读,你的作品事实上还不能称作品。所以,很多朋友自顾自写作,不考虑读者是谁,读者为什么关注你,读者为什么成为你的粉丝,那就沦为自娱自乐了。

(2)读者和作家(作者)与他们所处的世界有着千丝万缕的联系。

比如,互联网时代,草根大众都有机会成为自媒体作者;而读者选择作品的权力也越来越大,原来喜欢后来不喜欢的公众号就可以随时取消关注。那么,我们不不妨提出新媒体时代的新四要素,如图8-3所示。

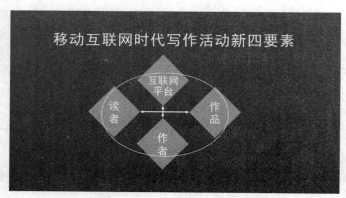

图 8-3

这里只是简要说明。如果深究起来,可以衍生出很多重要的话题。

## 2. 临界知识

在前面四要素的基础上，我们可以以"世界"或者"读者"的角度，分列出几大模块（临界知识）。这几大模块分别对应不同的学问（知识）。

- 心理学

文章（作品）写出来之后，进入阅读的过程，读者（用户）是怎么被吸引的？在读的过程中，为什么会接受和认同作者的观点，或者为什么被文章（作品）打动，产生共鸣？这都涉及心理学的问题。

拿公众号"拾遗"的作品来说吧，它的文章标题通常会和反常规和颠覆认知沾边，这主要是激发人的好奇心。

- 营销学

是不是觉得有些疑惑？写文章怎么跟营销学扯上关系了？别忘了，多数在网络各大平台发表文章的作者，都是希望自己的作品被读者（用户）认可，并且赞美甚至打赏的。这也可说是"内容付费"吧。内容付费并非坏事，既是对原创作品的尊重，又是促使好作品产生的一种激励机制。

那么，我可不可以把文章（作品）理解为一种"知识商品"。既然如此，作者怎么样才能更好地把自己的

"知识商品"卖给自己的读者群,又怎样和读者"成交"呢?是不是应该好好学学"营销"呢?

• 设计学

为什么有的公众号,一打开就有一种扑面而来的"设计感"和美感?而有的公众号文章你一打开就会产生立马退出的念头。

这里涉及设计的问题。如何选择字体,如何搭配颜色,如何组排版等,这些看似只是小问题,但会严重影响读者(用户)的体验感。这是个用户为王的时代。用户体验不好,你的"知识商品"交易还能"成交"吗?

• 其他相关知识

诸如信息传播、产品运营、数据分析、社群运营和人际交流等,许多相关知识,都会极大程度地影响"知识商品"交易的最终成交率。

简书里面写作数一数二的彭小六,大家可能都认为他文章写得好是成功的重要原因。其实,他原先是做互联网产品运营的,也懂得文章"叫卖"的背后心法,这些都是他取得成功的幕后"推手"。

古人说,工夫在诗外。一天到晚写诗的人,未必能写出好诗。能跳出"诗"本身,去考虑更多基础问题的人，才更有希望写出大众喜爱的作品。

### 8.3.4 如何学习这些底层规律

#### 1. 尝试综合分析那些成功的作者

经常有人提出"阅读是输入，写作是输出。"于是我们会尝试大量阅读。这当然没错。但我这里要说的是，如果要问怎样才能"简单粗暴"学到底层规律，个人觉得应该尝试综合分析成功写作作者的方法。

举李叫兽为例。他个人公众号运营为什么成功？我们不但要分析他文章写作的"套路"，更要注意学习他思考问题的角度，是什么样的思维模式或者认知模式能让他提出新颖的观点，背后起支撑作用的是什么学问。在我看来，这种学习才是对底层规律的学习。

#### 2. 用"读者"的眼光看自己的写作

用读者眼光看自己的写作，是为了更好地让自己"跳出来"。因为写作底层规律是我们在专注于"写作"本身时很难看得到的。比如，我们一直注意自己文章的结构、语言表达、选题和标题等，就没有足够的精力转移到"底层"问题上去。所以，写作的时候，不妨多问问自己，对于这个问题或内容我的读者会怎么看，怎么想。

### 8.3.5 总结一下

底层规律就是事物运行的基础性规律。因为技能往往是相对独立而简单的，但技能运用的环境却是复杂多变的；掌握底层规律才更容易成功。所以学习新媒体写作也要懂得相应的底层规律。

新媒体写作底层规律涉及"四要素"（作家、作品、世界和读者）和几大知识模块（心理学、营销学、设计学和其他相关知识）。

尝试综合分析那些成功的作者和用"读者"的眼光看自己的写作，这两条建议让我们更快更好地学习新媒体写作的底层规律。

第 9 章

# 新媒体写作进阶之路

chapter 9

通过前面 8 章的学习再加上实践，我相信大家已经对自媒体写作的基本方法和基本规律有了较好的掌握。那么，如何让自己的自媒体写作在熟练的基础上有一个更上一层楼的感觉呢？进阶之路——我们一起来看。

## 9.1 如何写出热文——新媒体写作的"连环套路"

很多自媒体作者每天都在努力学习各种爆文的写作技巧。有没有用呢？当然有！不过，是不是很满意？总觉得哪里不对劲，但又说不清道不明。我全面总结了 100 篇互联网上"10 万+"的热文，提炼出他们的以下三种套路。无偿奉献给大家！

### 9.1.1 图、文、题、材、表；时、热、境、粉、知

从图 9-1 中大家可以看到形成热文单靠某一点做得好是不够的，至少要匹配 10 个方面的优势。好比是中国人常说的"天时地利人和"。我把这 10 个方面概括为 10 个字：图、文、题、材、表；时、热、境、粉、知。前面 5 个字指向文章本身，后面 5 个字就是文章之外的影响因素。

图 9-1

- 图：配图要求高清、无水印；能抓人眼球，同时与文章高度匹配，能把文章的重点意思形象地体现出来，好比是电影海报，有吸睛作用。

- 文：文笔，基本上可以从文章所使用语词和句子看出来；有时，简洁易懂的文笔才能被多数人所接受。
- 题：就是题目。题好一半文，取个吸睛的重量级题目，对提升阅读量帮助极大。
- 材：文章的材料。是干货还是鸡汤，区别就在这里。没有料的文章，很难成爆文。
- 表：表达并不是越美越好。得看文章的阅读对象和文章类别。如果是干货文，深入浅出、简洁明了才是好的表达。
- 时：推送时间不同，对文章阅读量影响甚大。有统计表明，21：00—22：00，23：00—24：00推送最佳。
- 热：即热点。热点能否蹭到，很大程度上决定了成为爆文的可能性。不过，蹭热点文一出，再去蹭就不见效了。
- 境：简单说就是发文环境。也就是平台对你是否有利。多了解平台的规则，顺应平台，才能打造属于自己的热文。
- 粉：每个自媒体作者的粉丝数量不同，这就等于赛跑前起点不同。所以用心积累粉丝，才有更多机会造就爆款文。

- 知：知名度是指作者本人的名声。很多知名演员，他的今日头条可能一个字没写就已经聚集了上万粉丝。他一发文，自然很火。所以自媒体作者努力打造个人品牌也是极为重要的。

## 9.1.2 重点做好题、图、材

有人看了 10 个方面，会说"面面俱到"是不是太泛泛而谈了。好！那就挑出重点。结构中的关键环节就是重点。恭喜你，顺带也学习了系统思维的结构。

好比是一座房子，我们撇开外墙装修、内部软装先不说，你在考察时会看看结构布局是否合理，然后才能判断是否适合自己。

一篇爆文的关键节点就是题目、配图和文章材料。为什么不是文笔或者观点呢？因为文笔是锦上添花的事，观点并不是起决定作用的要素。读者读完之后有收获，有快感，很喜欢，更多的是取决于材料。包括新知、方法、案例、数据和故事等。

## 9.1.3 站在巨人的肩膀上

站在巨人肩膀上的意思，不是去东搬西抄，把名人的文章摘录过来拼凑在一起；而是看看自己写作的领域中,前辈们已经写了什么,有哪些可以借鉴,有哪些还没写透,怎样在原有基础上写得更好。

这个套路,估计很多爱蹭热点的朋友,早已尝到了甜头。巨人和热点,其实都是带有高能量的事物。从这一点来说,互联网传播的本质,就是信息从能量高端向低端传送,如同水往低处流。

所以要想写出爆文,就要想法子站在"高处"。能量越高,能够覆盖的面越广,相当于阅读量也就越大。

### 9.1.4 小结

写到这里,大家一定明白了,所谓的热文出现在我们的视野里,看似偶然,其实是风调雨顺、天时地利及各种因缘际会的结果。

- 图、文、题、材、表、时、人、境、粉、知 10 个方面,面面俱到为最佳。
- 重点做好题、图、材。
- 站在巨人的肩膀上。

## 9.2 阅读量"10万+"的自媒体文，写作、分享和传播背后的3个秘密

我们在今日头条或者其他自媒体平台上，看到一篇阅读量"10万+"的爆款文，很多自媒体新手都会羡慕不已。然后开始琢磨这篇文章的题目、写法，之后再去模仿。

这种方法有没有用？当然有一定作用。可是大家也许都说过"冰山一角"吧。露在海面上的冰山，也就是我们谁都能看见的尖角，只是很少一部分。隐藏在海平面以下的部分，占了百分之七八十，那才是主体。

那么，当我们看到一篇爆款文，这已经是一个结果了。究竟背后还有什么"重大真相"值得我们去挖掘呢？

今天，我就把对这一问题的思考分享给大家。主要从爆款基因、有效分享和倍增传播三个方面来聊一聊。

### 9.2.1 爆款基因

爆款文有时候看似偶然,但偶然的背后藏着必然。好比是大家都在同样肥沃的土地里面种植玉米,为啥有的人种出来的玉米颗粒饱满、味道甜润,而有的人种出来的却干瘪少籽呢?

原因有很多,其中起决定因素的就是种子。好的种子才能种出好的作物。好文章也一样,戳中读者(用户)的某一个点,才有可能大受欢迎,进而广为传播。古语有云,言而无文,行而不远。就是指文章本身的质量。

从图9-2可见,爆款文的基因——热点、痛点、需求点、笑点、情怀、兴趣点和价值点等,实在比较多,不能一一列举。

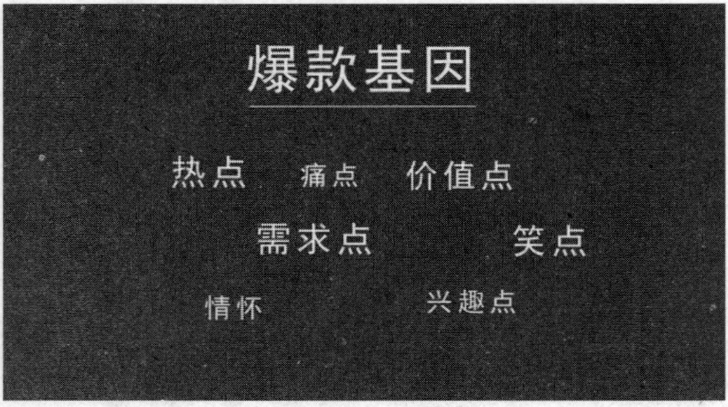

**爆款基因**

热点　痛点　价值点

需求点　　　笑点

情怀　　　兴趣点

图 9-2

大家可以记住一点,考虑你的用户(读者)个性、需求和你的定位在哪方面是契合的,然后逐步细分,找到那些点。写文章的时候,就可以围绕这些点来展开。

举例来说,今日头条里面有个关于如何养花的大号,分享的内容就是专注在养花养草上。哪怕是针对一棵文竹,也写出了如何养护,如何解决常见问题的好文,关键是满足了用户的某一点需求。

### 9.2.2 有效分享

在分享这件事上,我们自媒体人容易踩的一个坑是"写了就发,有群就发"。这事实上是不可取的。为什么呢?

道理很简单。要把对的东西给对的人。生活中,我们经常遇到这样的现象,你的父母或者朋友在饭桌上给你使劲夹菜。结果呢?你真的一口都吃不下。他们夹给你吃的,是他们自认为你应该喜欢吃,对你有好处的菜,而事实上并不是那么回事。

所以,分享自媒体文章,也有讲究,如图9-3所示。首先,要先找对人群。把分享电影评论的文章发给文艺青年就比较靠谱;而把生活小常识类的文章发给居家宝妈就比较合适。

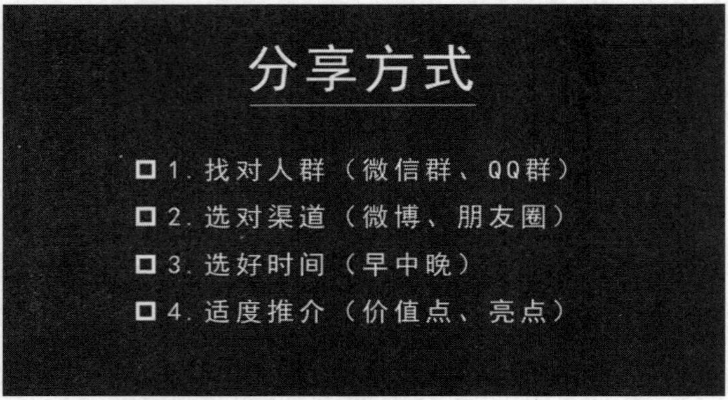

**分享方式**

☐ 1. 找对人群（微信群、QQ群）
☐ 2. 选对渠道（微博、朋友圈）
☐ 3. 选好时间（早中晚）
☐ 4. 适度推介（价值点、亮点）

图 9-3

其次，还要选对渠道。以微博和朋友圈为例。这两者事实上差异很大。大家都知道，朋友圈当中可能会有你的上司、同事、家人，因此荤段子一类的东西就不适合分享。

再次，也要选好分享时间。不同内容的阅读人群，他们线上的活跃时间也不一样。商业财经类的读者，通常是企业老板，他们很少会在白天开会或者谈判时间去刷微博和朋友圈。这类文章最好是在晚上9点之后再分享。

最后，好要学会适度推介。就是不能光丢个链接，一句话不说。这样会让人家以为你只是来打广告的，而不是分享你的高价值、有亮点的内容。所以，发送文章时，记得写上一段推介的话。

### 9.2.3 倍增传播

倍增传播，简单说，就是滚雪球。一篇好的文章，不仅让读者深以为然，还会引起他们的点赞和转发。转发给了朋友之后，如果文章的确很有价值，下一拨朋友也会点赞和转发。以此类推，文章的阅读量就像滚雪球一样越滚越大。

道理讲清楚似乎就一句话。可是操作起来，就不是那么简单了。至少要搞清楚三件事。如图 9-4 所示。

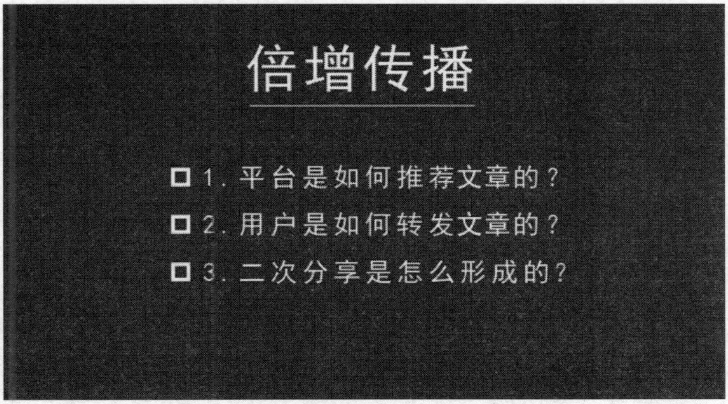

**倍增传播**

☐ 1. 平台是如何推荐文章的？
☐ 2. 用户是如何转发文章的？
☐ 3. 二次分享是怎么形成的？

图 9-4

第一，平台是如何推介文章的？举个例子，简书和今日头条就不一样。简书主要是靠编辑选择，然后推送，那么编辑的眼光就会成为很重要的影响因素。今日头条，除了编辑，系统也会根据阅读数据反馈，进行"智能推送"。所以如果写完文章没有分享，很可能会影响推荐量。

第二，用户是如何转发文章的？这主要是考验我们自媒体人对用户心理的把握了。一篇文章，是对他和他的朋友有帮助，还是让他觉得自己很有面子，还是正好符合他的某一种情怀，这都是引起转发的动因。

第三，二次分享是怎么形成的？我们经常看到，朋友圈某个信息说只要你转发某条图文，你就获得免费学习/试吃的机会。这其实就是一种触发二次分享的机制。除此以外，如果文章本身有很多价值，也可以引起二次分享。

### 9.2.4 小结

"10万+"的爆款文，写作时已经埋下了优良基因；作者采用有效的分享方式，促进了倍增式传播。掌握了3个秘诀，不断实践，不断优化，写出爆款文，你也可以！

## 9.3 怎样借助自媒体写作打造个人品牌

2017年3月开始,我在某平台开始坚持写作,3个月获得"签约作者",粉丝"3万+"。6月,一家图书公司联系我出书。目前,关于新媒体写作的文章,正结集出版。

跟很多大牛大神级的IP比起来,我还有很多需要学习的地方,要走的路也很长。不过,这并不妨碍我,将这么多年来关于如何通过自媒体写作打造个人品牌以及与之相关的个人所思、所想和所得分享给大家。

### 9.3.1 个人优势分析,选准定位

打造自媒体写作个人品牌的第一步就是对自己进行优势分析,选准定位。有很多朋友都在谈定位。那么究竟什么是定位?假如有个人在网上开了一家店,

准备卖进口婴儿用品，于是他就取了个店名，就叫"某某宝妈"。

那么他这家网店的定位就是专为高端宝妈提供婴儿用品。他为什么不选国内的婴儿用品，因为他定位在为高端人群服务。

从这个例子我们可以发现，所谓的定位，就是你用什么样的商品或者服务满足谁的需求。这当中就有至少两方面的内容要考虑：

- 你是谁？你能提供什么样最好的东西？
- 谁最需要你提供的东西？
- 那怎么样才能知道呢？要做你个人的优势分析。

从大范围来说，你的能力、资源和潜力都是你的优势。但是结合自媒体写作来说，你就要更仔细分析，究竟是哪方面的才能或者知识积累能够通过写作分享出来。

举个例子。小王很会说段子，经常在同事聊天时逗得大家哈哈大笑。创作段子就是小王的优势。小张特别喜欢看电影，而且每次看完总能评论得头头是道。写影评就是小张的优势。还有小李，他每天都会在朋友圈分享自己的生活感悟，得到朋友们的一致点赞和认同。小李的优势就是写鸡汤文或者小散文。

要打造个人品牌，还有一个方面需要考虑。仍然以小王、小张和小李为例。段子可能有很多读者都会喜欢,这就说明这类小文章是有真实需求的;小张的影评发表在互联网上,也有很多读者要看,这也是一种真实需求;而小李就没这么幸运了,他把小散文发表在自己的QQ空间,结果看的人寥寥无几。这就说明,自媒体写作定位是我们个人优势和读者需求互相交叉的集合。

从如图9-5所示可以知道,打造自媒体个人品牌,选定位的过程就是找出会写、擅写并且能持续写的好内容,同时不断满足读者,让他们也觉得"我要看"。

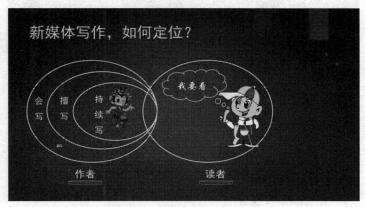

图 9-5

那么,想看你内容的读者究竟在哪里?接下来,就要谈一谈如何根据定位来选新媒体平台。

## 9.3.2 根据定位，选对平台

我们可以把平台简单理解为大量优秀作者（内容生产者）和大量有需求用户的聚集地，如图 9-6 所示。

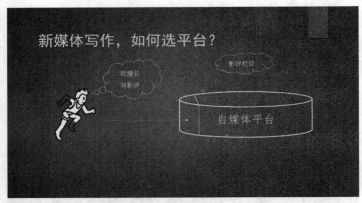

图 9-6

假如小张擅长写影评，那么他如何才能找最适合自己的自媒体平台呢？可以有三个办法，帮助他尽快实现，具体如下。

### 1. 互联网搜索

通过等互联网搜索引擎，查找一篇一部电影的影评，看看都发表在哪些自媒体平台上。通过这个办法，兴许还能发现很多写作影评的高手，这又增加了一个学习的机会。

### 2. 咨询牛人

我们经常会说，读万卷书不如行万里路，行万里路不如阅人无数，阅人无数不如名师指路。牛人在某个领域中积累了大量的经验，同时也形成了自己独特的观点。他们对专业领域的熟悉度和认知度都是在大众之上的。咨询该领域的牛人哪个平台最适合你，往往可以事半功倍。

### 3. 进入圈子

未来社会，同行圈和同业圈更能体现出个人的品牌价值，而传统的实体单位对个人价值的衡量会逐渐削弱。以微信圈为例，很多建立圈子的群主往往就是某个专业领域的大咖。进入这样的圈子，不但可以得到学习的机会，同时也能掌握很多平台信息。

选对平台，事实上就是选对人生赛道。假如你是跨栏高手，偏偏去了短跑场地，很显然，恐怕你再努力也很难成为佼佼者。

## 9.3.3　高效学习，持续输出

我们都知道，打造个人品牌绝不是一朝一夕的事。它需要我们持续不断在用户群体心目中树立良好的形象。

因为人的大脑容纳信息的容量是有限的，随着时间的推移，那些不经常出现的信息，就会慢慢淡出我们的记忆。

从学校毕业，到参加工作，我们都有过这样的经历，原先记忆深刻的数学公式在工作几年以后变得越来越模糊，甚至忘得一干二净。可是，伴随着我们成长的某饮料广告却依然记得清清楚楚。这是为什么？

其实就是某饮料采取的品牌持续输出造成的。这个道理同样可以用到我们自媒体写作的品牌打造上。假如我在今日头条写了10篇养生类的文章，有了1000个粉丝对我产生了信任感。但我从第11篇开始就每个周只写一篇文章，那么我的粉丝对我印象就会逐步减淡。所以，最好的办法就是持续写作，不断强化我在粉丝脑海中的正面印象。

自媒体写作，最常遇到的"尴尬事"就是开始兴致勃勃，后来实在无话可说。这就需要在"输入"上下工夫。那么如何才能高效学习，有效输入呢？如图9-7所示。

首先，选择定位领域中的头部资源。"取法乎上"才能收获更多。以电影评论为例，就应该把影视评论最高端的杂志和书籍作为自己的学习内容，同时关注这个领域中最牛的人物，学习他的写作思路。

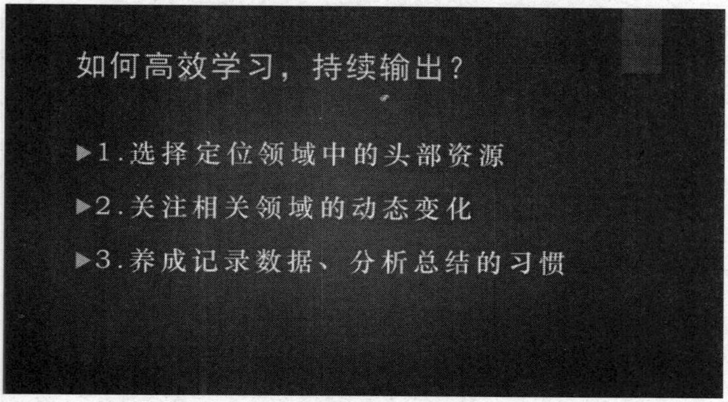

> 如何高效学习，持续输出？
>
> ▶ 1. 选择定位领域中的头部资源
> ▶ 2. 关注相关领域的动态变化
> ▶ 3. 养成记录数据、分析总结的习惯

图 9-7

其次，关注相关领域的动态变化。前段时间，"某某"大号被封了，这个变化，如果你注意到了，就能找到很好的选题，进行写作。

最后，养成记录数据、分析总结的习惯。例如，你连续发头条号文章20篇，发布时间、阅读量和转发量，还有标题之间有没有关系呢？思考，并记录下来，就是很有价值的文章。

### 9.3.4 开发渠道，树立品牌

通过前面3步积累了一定粉丝数，有了一定影响力，接着就应该通过开发渠道，进一步树立个人的品牌了。一提到渠道，很多朋友可能会觉得这不是在讲产品运营吗？其实道理是相通的。

我们通过自媒体写作打造个人品牌，事实上也可以理解为把个人当作产品来建设和运营。你就是品牌。个人品牌的渠道该如何开发？

### 1. 有效利用微信群

这是目前建立个人品牌渠道经济又便捷的方式。在借助自媒体写作建设个人品牌的过程中，会逐步形成自己的影响力，也会带来一部分有意愿进一步交流的粉丝。他们也希望通过社交进一步满足自己的需求。

### 2. 有效展示优势面

需要注意的一点是，每个微信群都会有自己的建群目的（意志）。群同样也会有定位，围绕定位，展示自己的优势面，并通过交流进一步分享个人与对象之间的信息，形成更强影响力。

### 3. 注意截断干扰面

对个人品牌有干扰或者有伤害的信息，要注意截断，不展示。尤其是随意发一些与定位无关的东西。这样会带来负面影响，会让群成员觉得收到不必要的打扰。

## 9.3.5 借助外力,有效运营

一个真正的自媒体品牌运营高手,还应该学会借力,更快更高效地形成某个领域中的影响力,甚至占据绝对优势地位。下面,我们就来分享一下借力的两种方式。

### 1. 有效借助热点事件

热点事件,是指被广大民众热烈关注的事件。和这样的事件挂钩,自然就会吸引众多目光,如果能够借此发挥你个人定位领域的独特魅力,对于品牌打造将会是极其有利的。

借助热点的最佳时机是需要用心把握,如果等到所有新闻都发布出来,再去借力效果会不好。那么如何尽快发现热点呢?首先,要保持对热点事件的敏感度。其次,可以利用互联网搜索工具,尽早发现热点,从而借此进行写作,让自己的影响力进一步扩大。

### 2. 巧妙借助名人力量

有一个公众号,之所以能够越来越火,除了持续写作之外,还得力于作者曾经采访了 100 位牛人。那 100 位牛人为什么会同意接受他的采访呢,因为名人也希望自己的名声得到进一步放大,而这位作者的公众号粉丝众多，当时也堪称大号了。

　　同时，如何采访，如何设计好采访主题，都是需要事先有所考虑的。谈到这里，很多朋友也许会说，我可能没有这样的机会。其实向名人借力的实质，是找到具备高能量的事物。比如，当大街上出现一块黄金和一块泥土，毫无疑问黄金会立马被人捡走。

　　所以名人不一定是当下的，历史上的也可以。举例来说，你的题目中出现"某某元帅"，就属于高能量。

　　总结一下，借助自媒体写作打造个人品牌，我们需要做好 5 步：

- 个人优势分析，选准定位
- 根据定位，选对平台
- 高效学习，持续输出
- 开发渠道，树立品牌
- 借助外力，有效运营

## 9.4 解决自媒体写作常见 5 个问题，这几张图就够了

大家在自媒体写作过程中，难免会遇到各种各样的问题，这里我们先来分享一下常见的 5 个问题如何解决，希望对你有所启发。为了便于大家记忆和掌握，我将通过图示的方法来加以总结。

### 9.4.1 先来看看这 5 个问题是什么

1. 如何取一个有吸引力的标题？
2. 文章只有框架写得不具体怎么办？
3. 如何增强文章的条理？
4. 阅读量不高，通常是由哪些原因造成的，我们如何解决？
5. 自己写得很满意，人家不爱看，怎么办？

## 9.4.2 这5个问题如何有效解决

### 1. 如何取一个有吸引力的标题

很多线上课堂、谈写作的文章都谈到过这个问题,似乎已经老生常谈。我觉得可以从两个维度来进行考虑。

第一个维度就是标题本身,应该具备哪些要素;第二个维度是结合目标读者考虑。所以我们可以采用坐标系的办法,把这两种维度结合起来考察。如图9-8所示。

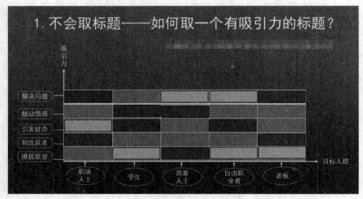

图 9-8

坐标纵轴代表产生吸引力的发力点,横轴代表目标人群。这两者的一个交叉区域用红、黄和灰等色块来表示。

对于职场人士来讲,某个标题具备一定的吸引力的点是解决问题。他们在工作中可能会遇到各种各样棘手的问题,比如如何有效提高工作效率,如何升职提薪,如何给老板安排会议，如何向老板请示工作，如何向同事表达委婉拒绝等。

如果你的标题跟解决问题相关，就比较容易引起职场人士的关注。因此用红色来表示它的重要程度。橙色次之，灰色再次之。其他几栏的色块可以举一反三地去理解。

## 2. 寻找合适的素材，使文章内容充实

首先要搞清楚一个问题，文章有内容，是指有价值的内容，而且要具体丰富，不能空洞。因此，我觉得要做到以下这三点。如图9-9所示。

图 9-9

第一，能够建立信任；第二，证明你的观点；第三，说清楚怎么操作。首先，要寻找权威言论，比如名人说的话，或者名著当中的理论等，这是帮助我们和读者建

立信任的。

比如，要写一篇如何有效减肥的文章，如果只是我自说自话，就没有说服力。假如我引用科学减肥领域某一个知名专家说的一段话或者专著内容，就比较容易建立信任感。

其次，要证明你的观点。我的方法是找到两个以上的支撑材料。

不少公众号爆款文章几乎都采用了三个以上的材料来证明某一种观点，这就是我们常说的信实证据越多，越能够支撑你的观点。这如同一座建筑物，如果只有一个柱子，不牢靠的；有两个或三个以上的支柱，就比较稳固。

最后，要把一种做法说清楚。此时，分步骤、举例子和打比方可以帮到我们。这里给出四个具体操作办法，大家可以举一反三。

- 网络关键词的搜索。

举例子来说，我今天要写一篇关于养生的文章，我就可以利用养生这个关键词在百度或者其他搜索引擎上搜索相对应的权威人士的言论、著作等。

- 书本阅读。

通常来讲，我们要找一些出版社比较有名，大家比较认可的来读。

- 与人交谈。

千万不要忘记与人交谈，这也是我们获得素材非常好的办法。

- 记录我们的生活和工作。

每天都用一句话来记录你的生活和工作,其实就是建立自己的素材库。

### 9.4.3 干货文章如何更有条理

这个问题的实质是什么?我认为要有条理的干货文具备这样四个方面的特点,如图9-10所示。

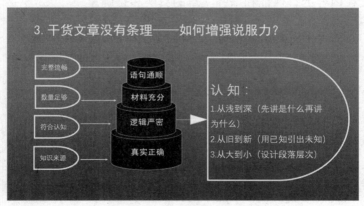

图 9-10

### 1. 真实正确

干货文章,它提供的知识或者观点能做到真实、正确。如果有问题,这篇文章的条理就要打一个问号。所以,真实和正确是干货类文章底层逻辑当中最重要的一点。

### 2. 逻辑严密

可以从认知的角度来探讨。文章的写作顺序和结构安排，既体现作者认识问题的水准和思路，同时也影响读者理解的难易程度。

### 3. 材料充分

数量上，为保证逻辑严密提供充分的证据。同时，在内容上，保证和增强文章的真实和正确。

### 4. 语句通顺

条理性体现在语句的连贯和通顺上。思路清晰，但语句不通，同样很难说有条理。举个例子来说，对于养生，我们很多人都知道要注意饮食，要注意睡眠，要注意心情的调整。这就是读者目前的认知基础。在此基础上去写文章，就要提供新的养生知识和方法。要从旧知识到新知识，有一个提升的梯度。

## 9.4.4 阅读量不高，通常是由哪些原因造成

谈论此问题，类似的文章也有不少。他们往往是从

某一个角度来说的，比如说从文章自身的角度来找原因。我觉得可以从平台、读者和文章这3个方面来考虑，认识这个问题会更加完整和透彻。如图9-11所示。

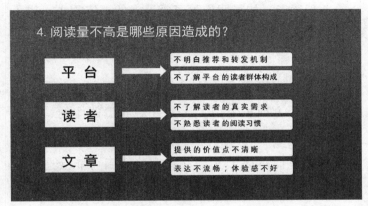

图 9-11

先说平台，同样的文章你发在不同的平台，阅读量不一样。这就是平台的原因造成的。举个例子，我有一篇文章是关于如何掌握深度工作原理的。发在今日头条，阅读量刚开始只有几十，连一百都不到，我发在简书平台，阅读量瞬间就可以达到两千多。

关于平台，我们应该有两点认识：

- 平台的推荐和转发机制
- 平台的读者群体构成

所谓的平台读者群体构成，就是在这个平台里面的读者群体分类。比如简书有一部分读者对情感散文非常感兴趣的,那么可以借助这方面的热点取标题,提高我们文章的阅读量。

关于读者,如果我们不了解读者的真实需求,也不熟悉读者的阅读习惯,盲目写一些文章,就会造成阅读量不高。

一个是情感需求;另一个是实用需求。大致上可以从这两个方面去考虑。比如针对养生群体的,那我就要告诉他现在秋冬季如何来保健和养生,把信息透露在标题里面。关于文章,有哪些原因可能会造成阅读量不高呢?

标题不够吸引人。注意力稀缺的年代,如果文章标题没有吸引他人,点开的阅读量自然不高。还有,价值点不够清晰。有用,有趣,还是有美?你要想清楚,表达不够流畅,体验感不好也会影响阅读量。这跟我们每个人文笔和文章的排版有关系。

## 9.4.5 自己写得很满意,他人不爱看怎么办

如图 9-12 所示,我在这张坐标图中画了 A、B、C、D、E 五个点。

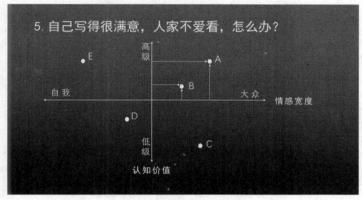

图 9-12

A 点，它对应的是情感宽度是比较宽的，认知价值也比较高。显然，A 状态的文章比 B 点整体价值感要高；B 点它对应的情感宽度和认知价值都比较低。

左下角的点 D，已经处在整个坐标系的最低点。认知价值处于低端，情感宽度是处于自我状态，此状态的文章不爱看的程度是最高的。

我们去分析一篇文章，大家爱不爱看，可以从这样几个方面来考虑。举例来说，有一篇关于幼儿园虐童的文章，情感宽度就很宽，会触及并挑拨到很多家长的情绪。从认知角度来看，它提出了一个新的认知高度，就是它认为在整个教育体系当中，要从体制上来防止幼儿园老师虐童，而不是辞退个别不合格的老师那么简单。

## 9.5 自媒体写作常见5个问题如何有效解决

上一节,我们谈了如何有效解决自媒体写作常见的5个问题,那么有朋友会问,还有没有其他问题会产生呢?的确,问题总是存在的,不过我们仍然可以梳理出这些问题,并加以解决。

### 9.5.1 5个问题是什么

1. 写了一段时间没有收获,该怎么办?
2. 对自己的定位不满意,想要修改怎么办?
3. 好像自己什么文章都会写,但不知道坚持写什么,又该怎么办?
4. 阅读量、转发量和收藏量,该如何分析,用以优化和提升自媒体写作?
5. 文章的细节不给力,该怎么办?

## 9.5.2　5个问题如何有效解决

下面我们先来谈谈第一个问题。写了一段时间没有收获，该怎么办？其实，这个问题应该分两步来走，第一步要找到没有收获的原因，第二步根据原因做出调整。

根据很多小伙伴的实际情况来看，初学自媒体写作，如果一段时间没有收获，通常由以下 3 个方面的原因引起。

### 1. 定位经常变化

比如刚开始觉得自己可以写育儿类的文章，写着写着又觉得自己写教育的文章会更合适。经常变化的写作，很难给自己的影响力（包括涨粉、提高指数和认证等）带来帮助，所以就不会有收获。

### 2. 选题比较冷门

很多小伙伴如果选了古文字研究一类，相对来讲看的人就比较少，比较冷门。但这个问题不绝对，因为喜欢的人多了就成了热门。

### 3. 写作基本功比较弱

刚开始写文章，是凭着一股子热情。但在具体的写作中，可能存在各种各样的问题，比如段落结构不会安排，逻辑顺序有点混乱，或者语句表达不够流畅等。

这些都可能会造成我们写作一段时间以后没有收获。那么针对这3种情况，我们就要做出相应的调整。

第一种情况，定位经常变化，那么就要根据读者的痛点来找定位。比如，在育儿类当中，我们就要根据宝妈们在育儿过程中最棘手的问题来进行自己的写作定位。

针对第二种情况，选题比较冷门，我们又该如何调整呢？可以根据互联网热搜榜做选题，互联网上的有百度热搜、百度风云榜等。一些比较好的搜索引擎可以帮助我们做出比较好的判断。另外，微信公众号里面有新榜这个公众号，它可以提供很多趋势类的信息，也可以帮助我们做出比较好的选题。

那么针对第三种情况，也就是写作基本功比较弱，我们该如何来调整自己呢？我觉得这就必须要脚踏实地练好基本功。

如果你的逻辑思维不够强，那么就要重点训练自己的逻辑思维能力；如果你在文章的语句表达方面，感觉不是特别流畅，那就训练自己文章语句的流畅性。总而言之，就是要针对相应的原因做出调整和改变。如果对自己的定位不满意，我们想修改，这个时候又该怎么办呢？（第二个大问题）

## 9.5.3 找到修改自媒体写作定位的几个依据

### 1. 依据我们的个人兴趣爱好

比如你虽然目前在写美食类的文章,可是你的兴趣爱好却是在历史这个领域,你如果对自己前段时间的写作不满意,你就可以调整到历史领域里面来。

### 2. 依据目标读者的偏好

我们一段时间写作下来,无论你是否积累了很大的读者群体,我觉得总是可以找到你的目标读者群的偏好的。

也就是说,你可以回过头去看看你曾经写过的那些文章,都有哪些读者?他们的阅读兴趣或者说阅读习惯,通常是什么样的?

你可以联系你的文章一起看,应该可以有所发现。比如,你的文章里面有一篇是关于阅读方法的文章特别受欢迎,那我觉得其实在你的目标读者群中可能有一部分就是对阅读比较感兴趣的。

### 3. 依据个人的阅读积累

我们每个人都在生活、学习和工作中,阅读大量的书籍或者其他的媒体资料。我们其实已经有了相当大的积累，我们可以根据阅读的积累对自己的定位进行一些调整。

换句话说，因为你已经有了大量的阅读积累，所以你在这个方面如果进行写作的话，就很容易发力，形成自己的影响力，从而对自己的定位有一个比较满意的调整。

### 4. 依据个人的专业特长

我们每个人都有自己的专业特长，有的可能是工程方面的，有的可能是机械方面的，有的还可能是美术方面的。总而言之，根据自己的专业特长去修改自己的定位，我觉得也是一个比较容易成功的好办法。

好像什么文章都会写，但不知道该坚持写什么，怎么办？（第三个大问题）

我们先要回到问题的本质，那是什么呢？就是要重新梳理我们写作的初心和目的。

我们每个人在加入自媒体写作大军后，都有自己的一个初心和目的。对于这个初心和目的我觉得可能会包含以下四个方面：

- 纯粹作为一种兴趣；
- 要打造个人品牌；

- 就是为了变现；
- 当作一种事业来做。

无论是哪一种，我觉得要坚持做下去，可以采取相应的一些办法。

比如，如果你的初心是纯粹把写作作为一种兴趣，那我觉得可以远离竞争。因为在竞争当中你可能会觉得自己不知道该坚持什么；你可能觉得自己不如别人，并因此丧失了写作的兴趣。那就应该远离这种竞争。

第二种，如果你是为了打造品牌，那么，一定要忍痛割爱，因为品牌必须要聚焦；如果你什么文章都写，很可能对你形成的品牌反而是一种伤害。所以要学会忍痛割爱，选准一个焦点写下去，把其他的都割舍掉。

第三种，如果你是为了变现，那么记住一定要找到你的拳头产品，什么叫拳头产品呢？就是在互联网上，如果有很多人都与你写同一类文章，比如教育类的文章，那么要考虑你是否具有竞争力？

如果你在教育领域当中有了很深厚的积累，同时你的文章见解又与众不同，这也许就是你的拳头产品，你可以在这方面持续写下去，一定会有收获。

第四种，如果你把写作当作自己的事业来做，那我觉得就要深入学习了。

换句话说，不能什么文章都写，浮光掠影或者蜻蜓点水要不得，要持续深入学习，才有可能把写作发展成为你的事业。

## 9.5.4 阅读量、转发量、收藏量，该如何分析

### 1. 我们不能孤立看任何一个指标

比如我们在微博里面看到某个名人，写了一句话，说我今天很开心。因为他是名人，所以转发量也有可能会达到万级或者"10万+"甚至百万级。那你觉得这样的文章，是不是一篇好文章，或者说这个阅读量就一定说明什么问题吗？

不一定，所以我们必须要把转发量、收藏量，以及文章的质量，都综合起来看，不能把它们孤立地分开。

### 2. 从选题、标题、文章质量、发文时间、媒体平台以及粉丝数量考虑

举个例子来说，我写了一篇关于如何进行实用性阅读的文章，这个选题很显然是一个干货的文章。可是我的标题相对来说比较干巴巴，没有激发读者某一种情绪或者说一种痛点，而文章质量相对来说是比较好的，并

且发文的时间我也是选择大多数读者的习惯阅读时间进行发表的。同时,我的媒体平台和粉丝数量也是匹配的。那我就可以发现,由于标题选取的不是特别吸引人,造成文章的阅读量、转发量都不是特别大。那该怎么办?

其实在这个分析过程当中,我们就可以抓住标题这个关键变量来进行分析。换句话说,我可以尝试着改变标题,然后来看看我文章的转发量和收藏量有没有什么变化。

### 3. 进行横向和纵向的比较

所谓横向的比较,就是把你文章的阅读量、转发量和收藏量,跟同类文章去比一比。比如在简书平台里面,你是写时间管理的,人家也是写时间管理的。同样类型的文章,你比一比阅读量、收藏量和转发量,分析它们之间有什么区别,这些区别又是怎么引起的。

区分是选题引起的,还是你对问题的见解引起的。如果是你对问题的见解不够深刻引起的,你就可以通过深入学习,逐步赶上。

纵向比较,就是跟自己的文章进行一个比较。比如一个月前我写了一篇关于时间管理的文章,现在又写了一篇时间管理的文章,它们的阅读量、转发量、收藏量有什么变化?你同样可以发现很多有价值的东西。

### 4. 要培养小数据思维

我们谈互联网的时候,经常说到大数据思维。其实小数据思维也很有价值。比如刚才我谈到的,关于抓住标题这个关键的变量来分析文章。一些重要的指标,比如我的选题文章质量、发文时间和媒体平台都不变化的情况下,我看一看如果改动了我的标题会引起什么变化。这其实就是一个小数据思维,这对于我们改变文章的选题风格会有很大的促进作用。

## 9.5.5 文章的细节不给力该怎么办

我觉得文章的细节不给力,这通常是我们缺乏一种精品意识。在自媒体创业中,我们写作者要有一种精品意识。因为随着自媒体平台越来越多,进入自媒体写作领域的作者也会越来越多。什么样的文章才能够给读者留下好的印象,创造价值呢?我觉得细节一定不能放过,而打磨细节的过程其实就是我们树立精品意识的过程。我觉得不妨用以下 4 个方法来进行提高。

### 1. 让同伴来挑刺

我们很多小伙伴都有自己的伙伴群。让同伴来挑刺,这就是打磨细节的一个好方法。因为每个人看文章的角度不一样，让你的小伙伴挑刺，他就会看到细节上一些值得提升和完善的地方。

### 2. 模仿经典

比如，我们很多小伙伴写散文或者写小说。其实在散文小说的领域，有很多经典作品。比如我之前提过的朱自清的散文和四大名著；当然也包括现当代的很多大家的作品，比如说像余华、王小波和莫言他们的。在模仿中，要注意模仿他们如何来写作文章的细节，比如人物的细节，对话的细节，外貌的细节等。

### 3. 自己读完再发文章

这也是一个不错的打磨细节的方法。因为你在读的过程中，可能会发现某些细节还不是特别完善，这样就会促使你去进一步修改。修改完再发，细节就比较完善了。

### 4. 可以做一些填空练习

当你看到一篇文章，假如它的某部分细节没有体现出来，你就可以在脑海中想象，如果你来进行扩充写作，该怎么写呢？

通过以上几个方面的切实努力，提高自然就会有。

## 9.6 不理解内容创业,自媒体写作如何坚持下去

这几日在微信朋友圈里有一篇"罗振宇的骗局"文章传得很火。意思是说知识付费只是满足了你的学习焦虑,并没有真正传递知识给你,更没有改变你什么。当然这个观点仁者见仁智者见智。

自媒体写作的朋友们,如果有一天我们的写作也面临这样的问题,你会怎么想?是"哼"一声,我才不跟你计较,还是静下心来好好考虑自己究竟想通过写作获得什么。借用前段时间的一句话来说,你想活成的自己的样子——到底是个什么样?

都说人要有尊严地活着,如果我给出以下三类自媒体人,你会觉得哪一类在未来可以活得很有尊严?

- 自娱自乐,每天高兴就写写,不高兴就晒网聊天。
- 兢兢业业,不写出"10万+"誓不罢休,各种苦,各种学习。

- 已经享有一定知名度，可以靠自媒体养活自己。

虽然，我现在没法跟你面对面交流，但我猜得到，选择 2 和 3 的人一定会比较多。为什么？于情于理，第 2 种人，符合励志精神、创业品格，谁都不会否认"劳动最光荣"。当然了，也有人说，不能只顾埋头拉车，不顾抬头看路。但是不管怎么说，活儿一定是踏踏实实干出来的。第 3 种人，目前不是已经有一定尊严了吗？从"活下去"的角度来看，的确如此。

可是想过没有，市场是会洗牌的。有句老古话怎么说来着，"三十年河东三十年河西"，移动互联网时代，估计 3 年就可以有大变化。

3 个月也是有可能的。很多简书签约作者也就 3 个月就搞定的。这样看来，难道第 1 种人最能有尊严？！我的回答是，要看第一种人，是基于什么样的心态和追求了。看样子，他一定没有追求。不是！事实上，人家有追求呢。为什么这么说，跟大家聊聊《众媒时代》，听完你就明白了。

这本书是很多资深媒体人或者新媒体创业大腕的文章合集，由腾讯传媒研究院主编，中信出版社出版。大家耳熟能详的吴晓波、陈菊红等人的文章都有收录。

### 9.6.1 我们与世界的联系,发生了什么变化

也许有人会说,不还是一样吗?太阳还是从东方升起,一日三餐和上班下班一样发生。可是,如果真的把智能手机和移动设备都从你的世界里拿走,你会感觉有什么不一样?

你一定觉得,朋友们、同事们都在干什么,你仿佛不知道了;有什么好玩的、有趣的段子和视频你也不那么容易看到了(除非借他人的);你想找找看今晚有没有好看的电影,或者分享一下自己灰色的心情都不自在了。

一句话,我生活在与一切都有可能联系的世界中。万物互联的时代已经到来。那么,谁的权力将会消解?话语权力被去中心化。每个人都是主人,同时是信息的生产者和消费者。你可以关注,可以不关注,权威没有了。谁是真正的权威?喜欢你的人,欣赏你的人和赞同你的人,拥戴你成为权威。我前面说的那位自娱自乐的人可能成为一部分人的权威,也会因此拥有自己的尊严。

## 9.6.2 内容创业不是赶时髦,而是选择一种生命模式

这就等于说,为了某种特定目的进入新媒体领域的人,到某个时刻极有可能活不下去,更谈不上尊严。

内容创业的本质是创业,但前提是内容。这就如同种粮食的本质是粮食生产,但前提是要有田地。失去了前提,我不知道下文该如何继续。所有的学习、刻意练习,本质上是要搞清楚你要成为什么样的人,而不是别人要你成为什么样的人。如果不搞清这些,就去贸然学习或者练习,终究会成为这一波学习浪潮的牺牲品。有内容品质追求的人,甚至是坚守的人才有真正的好内容,才有一直活下去的可能。

## 9.6.3 做自媒体需要有一颗匠心

特别愿意分享吴晓波说的,做自媒体要有好文章和好产品。有好文章的人不一定有好产品,有好产品的人也不一定有好文章。两者兼而有之,胜出的把握才大。写文章和做产品都是长跑。一路跑下来,会遇到各种各样的声音:嘲讽、打击、反对、赞同和欣赏等,无论哪一种都不要因为它而影响你自己。因为只有你自己才知

道你的匠心究竟在哪里。不同声音是对你的产品和文章的最好打磨。

  尤其值得一提的是，很多人认为微信公众号走下坡路了。其实不然，公众号经营的是人，如果能看明白这一点，微信公众号便永不落幕。这是价值观和审美观相一致的族群聚合。不要试图一炮走红，更不要讨好所有人！

  写到这里，终于明白，其实开头提到的第一种人骨子里是最有尊严的，因为他们不会急功近利，也不会在自媒体的树上吊死，他们活成了自己想要的样子，同时也是别人喜欢的样子——而这恰恰是自媒体最美好的状态。

## 9.7 自媒体写作的 10 个坑：为什么 10 万+ 总是别人的

这 10 个坑，是我在 3 年前运营一个企业公众号时曾经踩过的。别问我心情怎么样，现在想起来都是泪。被老板当众指着鼻子奚落，不是一般人能承受的。自媒体狗和公众号运营官，我们是一个槽里进食的人，谁也不比谁更高等。

我愿意分享出来，只是因为我和你一样，不希望老板又说："你看看，隔壁张总的公众号又'10 万+'了！"

### 9.7.1 自娱自乐，还自得其乐

最明显的就是取个标题，非要显示一下自己的学问。明明用《普通人成功的三条路》能说清楚的，非要来个《人生如梦，一樽还酹江月》，搞得读者（用户）云里雾里，结果连点开看的兴趣都没有了。

还有，文章内容到底要传达什么价值点，也就是对别人有啥好处，自己都没搞清楚。长篇大论地写了重要意义，写了为什么要这么做，最重要的怎么做一个字都没提或者三言两语就过了。

写句子，不会说人话。最可悲的就是公众号的简介，来了个"请您相信，千锤百炼，掌缘生灭。"看完之后，用户默默地离开了。

### 9.7.2 缺乏定位，还孜孜不倦

这些是非常任性的写法：
- 想到什么就写什么！
- 今天写点吴彦祖，明天再写写梁朝伟。
- 看大隔壁老王"10万+"了，我也要学，我也要写。
- 目标很大，想一口气吃成个胖子。

结果是什么？你任性，用户比你更任性，直接取消关注！

### 9.7.3 选错平台，还任劳任怨

网站、公众号、今日头条和朋友圈的人群属性和画像都不一样，觉得哪儿顺手就在哪儿写在哪儿发。想一想，

产品软文、公司活动、企业文化、用户手册和品牌文案，能一样吗？如果不一样，为什么要在朋友圈打产品广告呢？难道朋友圈的朋友都是来购物的？公众号是封闭式的，目前流量很难做大，是不是可以考虑换成今日头条啊？死磕精神是工匠必须的，任劳任怨呢？你懂的。

### 9.7.4　为人作嫁，还津津乐道

举个例子，写时间管理的文章，却讲了60%以上的企业管理故事。给人感觉，好有雷锋叔叔的精神，文章写了一卡车，好事也做了一火车。

还有的明明是写书评，却画了好几张思维导图。文章点开一看，妈呀，全是花花绿绿的图，好看倒是挺好看的，只不过不知道你究竟要做什么。套用成龙电影的《我是谁》来说，"你是谁，你要往哪里去？"

### 9.7.5　用错文体，还执迷不悟

我隔壁的小王，学习了一段时间软文，特别得意。老板让他写一篇"普通人如何理财"的知识类文章，他居然也用了软文手法。看得我目瞪口呆！结果有读者留言：哥哥，我建议你去天涯文学写故事吧。

### 9.7.6 不明目的,还洋洋洒洒

最可怕的是,文章写得洋洋洒洒,可是不知道给谁看!《买空调就买××牌》,老板一看这文章好,把我们公司空调吹得可棒了!顾客一看,王婆卖瓜自卖自夸,闪人。

前几天又看到一篇公众号文章《熊孩子好任性》,文章内容写得很生动,可是不是给妈妈看的。可惜。

### 9.7.7 没有焦点,还不断学习

新媒体时代,公司领导特别重视小编,一有学习机会就会照顾到小编。小编们的学习内容可丰富了,节假日各种学习:

- 学思维导图
- 学 PPT 设计
- 学软文写作
- 学人生成长
- 学营销推广

然后呢?没有然后啦。学习,总要有个焦点吧。好比是射箭,不对准靶心,哪有成果呢?

### 9.7.8 人云亦云,还自以为是

我们是知识的搬运工?我们骄傲?曾经有篇文章《水知道答案》传遍了大江南北。可是,后来被证实完全没有科学根据。自媒体写作,我们能够只是简单地徒手搬运知识吗?

### 9.7.9 缺乏沟通,还一竿到底

新媒体新在哪里?它是可以对话。留言、点赞、评论,这些都是对话。个人和企业,在新媒体上说话,要不要先学会和你的用户对话呢?选题的时候,多留意下你的用户留言,或许"10万+"就来了。

### 9.7.10 漠视体验,还一头雾水

用户是上帝!读者是用户,所以读者也是上帝!那么问题就来了,读者(用户)会在哪里读我们的文章?可能是公交车上,可能是地铁里面,可能是睡觉前10分钟,也可能是午饭后的半小时。碎片化时间,信息爆炸,认知升级,这就是我们要面对的真实情况。此外,文章要注意排版,要优化阅读体验。

# 第10章

## 自媒体写作例文自选

chapter 10

前9章，主要和大家分享了新媒体写作的原理、方法和技巧。但是俗话说得好，光说不练假把式。我们应该将这些新媒体写作的理念付诸实践。

这一章，我自选了书评、散文等自媒体文章，希望通过具体文章的阅读，进一步强化读者朋友对写作的感性认知。

## 10.1 为什么你每天忙着"精进"，却还是个低品质勤奋者

这是个终身学习的时代，大家都忙着精进，不过我们依然会发现身边有不少低品质勤奋的现象。他们每天看起来都很忙碌，忙着做学习计划，忙着听线上课，忙着各种商谈，可是一周下来却发现取得的进展不大。于是，我们发现，我们不能以低品质的勤奋来替代深度工

作的创造性。（如图 10-1 所示）

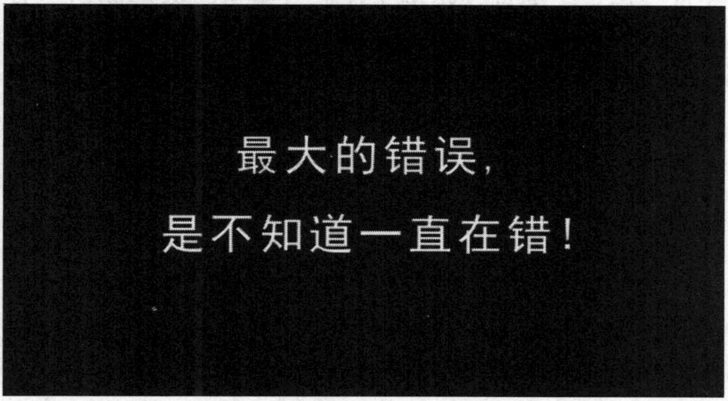

最大的错误，
是不知道一直在错！

图 10-1

## 10.1.1 中了"浮浅"的招，还以为自己是肤浅

这几天，那个直播"家暴"的男人，差点被人痛打。多少人看直播啊！一怒之下，上演家暴。内心得有多浮躁？也许这个年代，浮躁是活着的标签。但是，比浮躁可怕的是浮浅。因为浮躁显露在外，一眼就看到。浮浅呢？可能会披着忙碌的外衣。

外衣下的浮浅，不是每个人随意就能发觉的。我曾经忙忙碌碌，连上厕所的时间也用来发邮件。把手机当电脑，修改易企秀的文案。一年下来，确实有不少单子成交，可是我的文案水平始终就那样，干了 2 年还是个文员。后来，看到《深度工作》这本书，突然明白：有一种忙碌是浮浅的忙碌，简单的忙碌，随时都可能被取代的忙碌。事实上，文案工作是要配合公司的品牌战略来做的。要做好文案，得深入考虑定位、内容和表现形式——这些不是随随便便就能做好的。

我所缺的正是一种深入骨髓的"深度"！

40 岁了，那点小梦想还要不要实现？读书年代，凭着点小聪明，考试前来个临阵磨枪，不快也光，过了关，万事大吉；工作呢，上班时间完成任务，下班时间约人吃饭。逮住碎片时间，跟大众一样聊微信，刷朋友圈，逛淘宝。浮光掠影地学习，蜻蜓点水式地工作，这样下去，还敢不敢说"梦想总是要有的，万一实现了呢？"时间不可逆转。

那些大量被浮浅学习和浮浅工作所占据的时间再也回不来了！如何治愈一边倒的浮浅工作症？为此，我给大家来了一剂良药——"深度工作"。

## 10.1.2 《深度工作》谁写的

作者卡尔·纽波特，是麻省理工学院计算机科学博士。同时，他也是一位畅销书作家，著有《如何在大学里脱颖而出》、《如何成为尖子生》、《如何考进世界顶尖名校》和《优秀到不能被忽视》等。

深度工作使他回报丰厚：大学毕业后的 10 年时间里，出版了 4 本书，获得了博士学位，还受聘于乔治城大学，成为终身教授。令人惊讶的是，他的日常工作很少会到下午五六点钟。那么，他是怎么做到的？他是唯一的吗？

## 10.1.3　哪些牛人在"深度工作"

20 世纪特具影响力的思想家之一——著名的心理学家荣格，是如何赶超弗洛伊德，后来居上的？在 20 世纪 20 年代，他对弗洛伊德的思想提出了大胆质疑，但这是远远不够的。他需要保持清醒的状态。

为了能够深度工作，他在伯林根建起两层石头房子，他说"没有我的允许，任何人不得进入这个房间"。1921 年，发表了重要著作《心理类型》，此后，创作出一系列有见地的文章和著作。后来，他被称为分析心理学的创始人。马克·吐温，你一定不陌生。他的《汤姆索亚历险记》大部分就在纽约库阿里农场的一间小屋里完成的。为了进入深度工作模式，书房选在较远的地方，家人要吹号才能召唤他吃饭。

奇葩吗？不是。深度工作需要一个足够安静的环境。而创作要进入启动灵感、文思泉涌的状态，就更不用说了。

新东方俞敏洪曾说，"我准备发一条微博，通知全社会：明年是我的闭嘴年。"这源于他做了一个统计，发现作为新东方教育集团董事长兼总裁，2013年他投入自己公司上的时间只有1/5，其余4/5的时间，都用在了对外应酬、社会活动、团队活动以及演讲上。

这个发现无疑具有战略意义。仔细算一下，我们有多少时间是花在各种名目的应酬上，而且是以"忙碌"和"公关"的名义。这导致我们无法静下心来深入思考一件重要的事。所以我们的工作水平年复一年地并无多大长进。诸葛孔明说：宁静以致远。这句话今天仍不过时。

几乎与俞敏洪同时，360创始人周鸿祎也在微博上宣布要闭关思考一段时间。"我决定这段时间不再参加任何会议和论坛活动，希望朋友们谅解。我喜欢与朋友们分享，然而互联网发展日新月异，我这个"70后"也需要重新学习，与时俱进。心态需要定期归零，身体和心灵都需要定期杀毒、清理垃圾，因此我需要集中精力学习、闭关思考一段时间。"

不是否定必要的社交。而是需要从纷纷扰扰的状态下解脱出来，集中精力，最大限度地提升自我认知。坐下来深入思考，在我们这个"时刻在线"的时代多么可贵。

这些大佬们都在有意无意中践行着深度工作的模式。他们发现有些重要的问题必须在深度工作中才能有效解决。

## 10.1.4 深度工作是个什么玩意儿

要深入理解深度工作，先要了解什么是浮浅工作。对认知要求不高的事务性任务，往往在受到干扰的情况下开展。此类工作通常不会为世界创造太多新价值，而且容易复制。

举个例子，打印文件就属于浮浅工作。因为打印文件不需要你具备高超的认知能力。你可以一边打印文件，一边回复手机微信。

正因为这样，你能轻易完成打印文件这样的工作，张三和李四也能。所以你被取代的可能性也就大了。

我们的问题是，面对需要深度工作的任务，我们却用浮浅工作的模式来完成，那么结果就会大打折扣。

深度工作是指在无干扰的状态下专注进行职业活动，

使个人的认知能力达到极限。这种努力能够创造新价值，提升技能，而且难以复制。

### 1. 条件——无干扰的状态；专注于职业活动

在网络工具时代，人与人之间的联络变得极其方便，一个电话、一个微信或一个 QQ 就能立马将相隔千里的人连在一起。另外，也正因为这样时间被切割成一个个的碎片，使我们无法进入深度工作的整块时间。

诸如研究新的商业策略或者撰写重要的申请报告等重大工作，都会因此受到极大影响。

《学习之道》这本书提到要学会在外界环境不完美的情况下进入高效学习，其核心也是精力的高度集中。这跟深度工作的要义并不矛盾。

### 2. 要素——认知能力达到极限

认知能力达到极限？怎样才算是极限？每个人的极限都不一样。举个例子来说，你在人声鼎沸的大街上听英语，记单词，半小时你记住了 5 个。当你回到书房，静下心来，用心去记，同样的时间结果能记住 10 个甚至更多。

如果把人的大脑比作军队，你在浮浅工作状态下，相当于调用一个班的战士来对付敌人；在深度工作模式下,相当于调用了一个师的战士来作战。"杀敌"的效果有多不同,可想而知。

### 3. 结果——创造新价值,提升技能

科学研究领域,体现为提出新的命题,突破原有高度,开辟新的领域。比如牛顿孜孜不倦,发现万有引力定律。体现在商业上,创造新的模式,研发新的产品,找到新的技术等。

### 4. 特点——难以复制

正因为投入极高的认知精力,因此产出的内容具有独特性,甚至创新性。这就使得深度工作具有不能复制的特点。其实并不是成功不能复制,是成功人士的深度工作无法复制。

## 10.1.5　怎么做到深度工作

思想决定行动。要做到深度工作,首先要从理念上找对属于你的方式,在此基础上,执行深度工作的规则,并养成习惯。

### 1. 找到属于你的方式

(1)超级个体——禁欲主义哲学——尽可能避免一

切浮浅工作。也许你听说过《飞跃修道院》，这是科幻作家斯蒂芬森的作品。如果你访问他的网站就会发现那里没有电子邮箱和邮寄地址。

为了避免一切浮浅工作，他几乎切断了一切与外界的联系。他说，他的小说高产有赖于这种不被打扰的深度工作模式。适用禁欲主义哲学的人，很清楚地知道个人（自己）对世界的价值。我把他们称为超级个体。与之相反，一些需要通过与外界不断联络才能取得成就的人，就不适合了。

（2）联机个体——双峰哲学——一半深度，一半浮浅。上文提到的荣格，在深度工作的时间之余，他是不禁欲的。他会积极参与苏黎世咖啡屋文化活动。荣格在苏黎世的生活在很大程度上与当今数字时代的"超链接"知识工作者很相似。这种观念会导致个人时间分成两部分：一部分用于深度工作，另一部分则做其他所有的事情。它适用于如果不依赖于浮浅工作便无法取得成功的人。比如，一部分内容创业者需要付出一半时间上班，满足生存的需要；同时也需要另一半时间进行内容输出。

（3）安于习惯者——节奏哲学——工作中适时启动深度模式。查普尔是一个朝九晚五的工作者，他如何进行深度工作？他选择挤出清晨的时间进行论文写作。形成了每天完成4~5页，每2~3周完成一个章节的写作节奏。这种方式比较适合现实中实在无法做到连续深度工作的个人。

（4）社会活跃分子——新闻记者哲学——随时转入深度模式。艾萨克斯任职《时代周刊》，正处于职业上升期。他很有条理，只要一有时间，就会立刻转入深度工作模式，苦心打磨《聪明人：六个朋友和他们创造的世界》。此种方式显然不适合新手。如果你对自己的工作或者事业有足够的信心，实现深度工作的技能也很娴熟，那么它就很适合你。只要愿意挤，时间总是有的。

2. 培养深度工作的习惯

卡尔·纽波特通过总结几位成功科学家发现，要使深度工作的效果最大化，就要养成严格内化的习惯。因为习惯使他们从一般状态过渡到深度工作状态的阻力最小。

这习惯该从哪几个方面去养成呢？

3. 工作要深入

• 明确的工作地点和工作时间

指定的工作场所，不要被打扰。同时，设定一个时间段，而非无休无止。

一旦有了固定的工作地点和时间，那么当我们进入这样的场所时，也会条件反射一般启动深度工作的模式。

- 有结构性的规则和程序

这些规则和程序，包括规定自己不使用网络；设定20分钟产出的文字数量或者阅读数量。这样一来，你发现自己是被自己的规则约束着，而不是自由散漫。

- 提供有力的支持

这样看你的身体状况或者自我摸索出的习惯。如一杯上好的咖啡，或者保持能量的食物，或者散步之类的轻度活动。总之，它可以让你有足够的精力投入深度工作中去。

### 4. 拥抱无聊

千万别误解了！这里所说的拥抱无聊，并非让你爱上无聊。卡尔·纽波特告诉我们，要小心自己生活中的一些无聊时刻。比如排队的5分钟，等人的20分钟。

在这些时间段，如果你用浏览手机来打发无聊，你就会陷入书中引用的说法"心智残疾"——也就是你的大脑很难胜任深度工作的任务。所以，要学会在无聊里不被分心。

### 5. 远离社交媒体

这一点已经不难理解。因为大家都明白推特和微信聊天工具社交媒体是如何碎片化时间的。同时，我们知道注意力很难集中的原因与这些媒体有关。

作者在书中给出的建议是，选择社交媒体工具时，一是要实际益处大于实际害处，二是采用关键少数法则。举个例子来说，我用 QQ 邮箱收发工作文件，它带来的危害远小于好处；在工作中它必不可少。

### 6. 摒弃浮浅

前提是要学会分辨什么是浮浅工作。一些类似打电话或者接收邮件的工作，显而易见就是浮浅工作。作者并不否认它的价值。但是如果一项复杂的任务，其中包含了浮浅工作，就不一定好判断了。

作者的建议是先做定量分析。举个例子来说，要制作一份市场调研的报告，以 PPT 形式呈现。其中就包括市场调研、数据分析和 PPT 制作等，数据分析所需要深度工作时间可能会相对比较长。

那么，你就要把深度工作的时间放在数据分析上。对于市场调研和 PPT 制作就要采用不同的处理方式。找对适合自己的方式，养成了深度工作习惯，这意味着能启动深度工作的模式了。但是如何才能最大限度地调动自己的认知能力，以促使自己达到产出无可复制的价值呢？作者找到了 4DX。

### 7. 深度工作助力器——4DX框架下的4种原则

什么是 4DX 呢？其实就是《高效能人士的执行 4 原则》中如何去执行的 4 种原则。作者卡尔·纽波特将它们运用到深度工作中，产生了极强大的作用。

### 8. 关注点放在极端重要的事情上

极端重要的事情是什么？

是能够激发你无尽渴望的事。具备 2 个因素，一是这件事你之前没有做到过，是你的小目标——如一周完成 2 个项目方案，写两篇 8000 字的文章等；二是这个目标具有切实的回报，如 2 个项目方案有 1 万元提成，8000 字的文章可以促成签约等。

### 9. 抓住引领性指标

有了前面的目标，在 4DX 框架下，衡量成功的指标就有两种。一种是滞后性的，另一种是引领性的。

举例来说，对于面包房而言，面包出炉后的客户满意度，就是滞后性的指标，因为这个指标已经落后于面包的制作；而接受免费试吃的客户数量，是一个引领性指标，可以指导随后的面包制作。

对于深度工作来说，时间就是一个引领性指标。你可以随时看看投入的时间，就知道自己的工作状态了。

10. 准备一个醒目的记分板

如何强化深度工作的动机，并且跟踪指标完成情况，计分板就起到作用了。记分板可以，是很简单的一张卡纸，然后剪成条，每天一条，在上面记录下一个周期的时间。你可以在每一条上记录下深度工作的时间。同时，你可以在有重要突破或进展的那几个小时画上圈。

这样一来，记分板很清晰地告诉你当前的深度工作指标完成情况以及你所取得的成效。如果是团队参与，那么记分板就成了促进竞争的警示牌。

11. 定期问责

那么，我们如何对自己的深度工作进行自我检视，以促进不断优化呢？定期问责显得十分必要。这相当于每周回顾。

因为有了引领性指标，有了记分板，所以这一步其实并不是很困难。你只要对照这些可视化的数字，就能轻而易举总结哪一步做得比较完美，哪一步存在问题。

## 10.1.6 写到这里，我们可以用一张图对深度工作做一个总结

如图 10-2 所示。

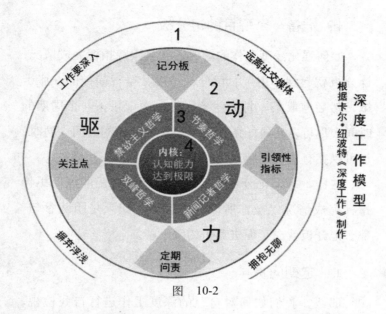

图 10-2

第 1 层是深度工作的表现层；第 2 层行动技术层，相当于驱动力；第 3 层是理念层，决定工作方式；第 4 层是内核层，是深度工作的核心价值源泉。

## 10.2 这3个价值思考，成就你的工作

一天中午，我的同事又在办公室高谈阔论了。"这工作没法做了！一连打了十几个电话，客户都不接。可老板偏偏还要我们坚持打电话。脑子是不是进水了？"

我一看，果然是小卢。小卢刚来公司那会儿，给大家的印象都还挺好的。虚心好学，勤于跑腿，乐于帮助大家干点"分内"的事。可最近，他总是愁眉苦脸，而且在各种场合都会忍不住发点牢骚。下班后，我什么也没说，走到小卢身边，递给他一本书："你先看完，我们再交流。"

第二天，小卢似乎豁然开朗了。原先那位整天乐呵呵和同事打成一片的小卢又回来了。老板也在会议上表扬了小卢。

那么，那本书究竟有什么神奇之处呢？在我看来，《好好工作》这本书告诉我们，什么样的工作才是有价值

的，我们该如何发现自己的独特价值，创造自己的独特价值，从而成就自己。

## 10.2.1 你的职场价值在哪里

### 1. 要成为行业里略有名望受人尊重的人

毋庸置疑，要成为行业里有名望且受人尊重的人，意味着我们要正确认识行业和自我的关系。行业好比是一个坐标系，在这个坐标系中，每个人都有相对应的一个价值点。

举例来说，在武侠小说的写作领域，我们一般都公认金庸、梁羽生、古龙的崇高地位。在电子商务领域，我们承认马云的地位目前是无可替代的。

那么，怎样才能成为行业里有名望受尊重的人呢？除了你的专业能力之外，《好好工作》这本书提出了转变职场心态。如果不能服务好客户，那是我的问题；如果我服务好了客户，还是没有得到应有报酬，依然是我的问题。

### 2. 你的价值常常体现在客户身上

《好好工作》谈到的这个观点看起来似乎有些偏激，但随着市场经济的不断推进，用户至上的观念深入人心，价值从客户那里得到反馈的想法也就水到渠成了。

书中指出，我们要善于回到客户的最初需求上去看问题，可以请客户谈谈他们的感受和想法。如此一来，你看待问题的角度就会不一样了。文章开头提到的小卢，面对客户电话打不通，不至于着急上火，而是考虑到客户可能遇到的情况。

### 10.2.2 职业规划的关键是发现自我价值

#### 1. 发现"我的价值"

《好好工作》作者懒人老猫认为，做好职业规划的关键是发现自己的价值。

假如"我的价值是什么"这个问题都没有搞清楚，就很难设计自己的职业规划了。也许，自我价值、理想和个人愿景这些说法听起来有些虚，但实际上，我们会发现如果这些问题没有考虑清楚，即使努力最终达成结果，可能和自己想的初衷相去甚远。这就类似于南辕北辙，方向发生了错误。

#### 2. 取舍发展方向

职业规划的第二条，就是学会取舍。作者认为大多数人会高估自己的承受能力。在N个互相牵制的维度里面觉得哪一个都不能放弃——既不想放弃当前工作的轻松,又怕承担责任带来的风险。这就导致了抱怨的产生。知道自己希望展现给世界最好的是什么,这是取舍的一个重要依据。

### 10.3.3 以目标为导向实现工作价值

1. 大目标分解为小目标

正如十个手指不一样长,领导的风格也是各不相同。有的可能指示明确,有的简单草率。无论哪种,都要学会把任务分解为具体可操作的小目标。

年度任务分为月度计划;月度目标分解为周目标。如果不会分解恰好说明我们对工作心里没底,那就要赶紧请教同事或者前辈了。

2. 有效展示你的工作成果

事先沟通比蛮干更重要。大家都知道因为每个人对同一个事物的认知和结果评价不一样,如果缺乏有效的事先沟通,就可能导致辛辛苦苦干了好久却得不到他人的认可。

工作不是做给自己看的,是做给使用我们工作成果的人看的。作者指出,在职场上,如果我们不能以他人可以接受的方式呈现工作结果,那么"我以为"无论多么正确,都是无意义的。

## 10.3　一张图告诉你读后感和书评的区别

小张：能写书评真好！可以倒逼自己主动读书，还能写成文章，很有成就感！小王：对。我最近也想写书评。看到豆瓣上人家洋洋洒洒的书评，真有点羡慕呢！小张：写书评应该不难吧。不就是我们之前的读后感吗？小王：真的？！我觉得没那么简单。要是书评就是读后感，为什么还有两种叫法呢，而且它们的确很不同？小张：那你说说，怎么区分？小王：其实我也说不清楚。正在学写书评的你，是不是也遇到了同样的困惑呢？

当终身学习的年代，遇上移动互联网日益普及，我们是否处于一种"永远在线，时常受扰，浅度思考"的状态。面对书评和读后感，浅思维会让我们觉得"它们差不多吧"。

一些习以为常或者司空见惯的东西,我们连想一想的机会都没给自己,就赶着去下一场"熟视无睹"了。读后感和书评,有何异同?问题已至,欣然而上。

### 10.3.1 相同之处

见图10-3。

图 10-3

读后感,读而后有感。书评呢?读书,读后评论。

#### 1. 都以阅读为写作前提

那么什么是阅读?时下流行主题阅读、快速阅读和拆书阅读等,这些产生在新时代背景中的读书法,我个人认为应属于用书的方法,即在读懂原文的基础上,如何去利用信息。

阅读回归本位,也就是阅读自身到底是什么呢?西方接受美学代表,伊塞尔等人把阅读视为文本(作品)与读者之间活生生的互动关系。它是有层次的,第一层次是语言阅读,第二层次是美的欣赏,第三层是文艺评论。举个简单例子来说,比如这首词:

波渺渺,柳依依。孤村芳草远,斜日杏花飞。江南春尽离肠断,苹满汀洲人未归。

——《江南春》(寇准)

认识文字,知道大概意思,春日离人未归,思念欲绝。这是语言阅读。要是能在脑海里想象出春日翠柳依依,杏花飞扬,有人望眼欲穿的情景,进而体会到诗词的美,就算是美的欣赏。最后,如果能对词的意象、境界及创作得失加以点评,就上升到文艺评论的层次了。

好比是剥板栗,最外层是带刺的壳,方法得当,容易破除;第二层是硬壳,看上去光滑,却不易剥开;第三层是薄膜,看似最弱,要剥干净也难。

无论阅读单篇文章还是一部著作,都需要读者与文本(作品)对话。读伟大的作品,是与伟人对话。对话中,理解作品的思想、情感、知识、观念和价值,发现其真善美,引发读者的种种感受、体验、想法、观点和评论。发而为文，就成了读后感和书评。

### 2. 都以文本（作品）为感发对象

当作品尚未进入读者的阅读进程，作品不是真正意义上的作品。从这一点出发，新媒体平台中的读后感写作和书评写作，应考虑读者的阅读权重。读者多，影响力大，一定程度上证明写作成功。

读后感和书评，都不能凭空捏造。这与虚构类写作存有天壤之别。

想象、天马行空的虚构在读后感与书评的写作中似乎是行不通的。离开对作品语言文字的阅读，要写出好的读后感就成了无本之木；缺乏对作品情感和艺术美的欣赏，脱离了对作品知识、思想、价值点及其结构的品评，要写出成功的书评就成了无源之水。各举一例。

读了寓言故事《农夫与蛇》，写了《蛇真的是恩将仇报吗？——读〈农夫与蛇〉有感》，是对文本中"蛇大惊，乃苏，以其本能故，以利齿啮农，竟杀之。"语句细读之后，有感而发。

被誉为《大公报·文艺》书评三大台柱之一的李影心于其《书评家的趣味》一书中，有一篇《老舍先生〈离婚〉的评价》。从现在的眼光来看，也许李老的评价偏于平淡,但对作品的研读却是认真扎实的。

### 3. 都以感想为写作重点

没有感想,读后感也就没了主脑。假设只是将原文复述一遍,看不见作者的感想,尤其是联系社会现实发表看法,我会觉得读了一篇假的读后感。因此,关键是"感"!书评呢?从广义上说,书评的评是画龙点睛的部分。即便是以介绍图书原文为主的"介绍式"书评,也需要作者内容有所选择,并以自己的介绍吸引人。如何才能吸引人?在介绍中展示出自己的独到看法。

## 10.3.2 相异之处

见图 10-4。

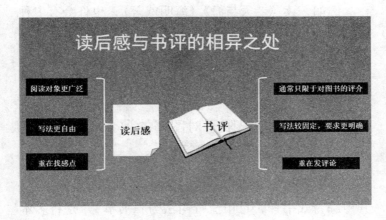

图 10-4

### 1. 写读后感，阅读对象更广泛；写法更自由；重在找感点

只要是文字作品，大到洋洋洒洒的长篇小说，小到一则寓言故事、一首诗歌，都可以写读后感。读后感的感，可深可浅，或感性，或理性，全凭作者阅读过程情之所及、理之所涉。在写作技巧上，读后感重在找到感点。一篇文章，可以生发出许多感点。但作者通常只能论述一个中心，不可面面俱到。

因此需筛选比较，找出自己感受最深、角度最新、现实针对性最强且写来得心应手的一个感点，作为写作中心，然后加以铺展成文。

例如，读《老人与海》（海明威著），也许会有多种感点，或是老人的拼搏精神打动了你，或是老人在海上接二连三的打击触动了你，或是老人拖着鱼骨架回岸让你若有所思，不同的感点，均可组织行文。

### 2. 书评通常只限于对图书的评介；写法较固定，要求更明确；重在发评论

虽说可分为介绍式书评、评论式书评和综合式书评。其中综合式书评，目前流行叫法为"书单"，是将多本

书串起来评论。

无论何种书评，顾名思义，是以图书为中心，对图书进行介绍、评论和研究的一种文章，它可以向读者传达文化出版和学术研究的信息。当然，普通读者，也未必要以研究的水平来要求书评写作。

书评的评，关键要更多地放出专业眼光，或对书中涉及的知识内容、思想观点发表看法，或对行文的艺术特色加以点评，抓住其中一部分"指指点点、说三道四"。

书评历史悠久。西汉刘向曾在校正整理图书过程中写出叙录，每本书一篇，并把叙录汇总成《别录》，为书籍作提要的内容，含有书评的萌芽。书评仿佛是一面镜子，反射出书评作者的思想见地、思维水平和鉴赏能力。

### 10.3.3 如何写好书评

#### 1. 根据自己的兴趣爱好、专业特长，选对书

不可盲目跟风。大咖约评的某本书，不一定你也能得心应手，评得头头是道。毕竟，书评是要见我们评论功力的。所以，从根本上说，写书评要先从提高自己的

各方面修养做起，尤其是理论思维的水平。

## 2. 通读与细读结合，找出书中的价值和特色

选对图书，就可以对选定的图书进行阅读，第一遍可浏览全书，第二遍则要认真细读。尤其要抓住重点章节认真细读，这十分重要。

怎样识别重要章节，这关系到书评作者专业知识的深浅和鉴别能力的高低；关键是找出这本书的特色和价值点。这好比是从一堆珍珠美玉中挑选最大最靓丽的那一颗。

如在写《故事思维，是怎样让你的写作打动人心的》一文前，通读《故事思维》一书，我发现"故事能创造力量""故事思维跟辩证思维、理性思维是平起平坐的"这些内容我深有感触，在我看来就是该书的最大亮点。抓住这一点，便可演绎成文。

## 10.4 写作课交流,五问五答

没有互动,就没有新媒体写作。写作课也是如此。

### 10.4.1 可以不考虑写作的方向和定位吗

答:可以,如果你的写作只出于一种自我表达的兴趣。自我表达,有没有可能引起读者的共鸣?有。从古至今,很多优秀的文章,写作时只是为了满足自我表达,但后来众多读者从文章里感受到某种共通的情感和思想,价值也就体现出来了。

《诗经》中的《氓》,虽然写的只是古代社会一位痴心女子从恋爱到婚变,最终被抛弃而内心决绝的感情经历,但其情感具有代表性,描写具备艺术性,获得了以个性沟通共性的特征,因而引发共鸣,为历代读者所共赏。

氓之蚩蚩,抱布贸丝。匪来贸丝,来即我谋。送子涉淇，至于顿丘。匪我愆期，子无良媒。将子无怒，秋以为期。

乘彼垝垣，以望复关。不见复关，泣涕涟涟。既见复关，载笑载言。尔卜尔筮，体无咎言。以尔车来，以我贿迁。

桑之未落，其叶沃若。于嗟鸠兮！无食桑葚。于嗟女兮！无与士耽。士之耽兮，犹可说也。女之耽兮，不可说也。

桑之落矣，其黄而陨。自我徂尔，三岁食贫。淇水汤汤，渐车帷裳。女也不爽，士贰其行。士也罔极，二三其德。

三岁为妇，靡室劳矣；夙兴夜寐，靡有朝矣。言既遂矣，至于暴矣。兄弟不知，咥其笑矣。静言思之，躬自悼矣。

及尔偕老，老使我怨。淇则有岸，隰则有泮。总角之宴，言笑晏晏。信誓旦旦，不思其反。反是不思，亦已焉哉！

——《诗经·氓》

有没有自我欣赏、无法共鸣的文章呢？有，而且很多。拿我自己来说，曾经写过很多学究气息较重的文章，发表在自媒体平台上。结果呢？阅读者寥寥。这类文章在新媒体时代，就被称为"自嗨型"文章，完全不考虑读者是谁，也不考虑能否读下去、有没有需要读等问题。

学术文章有其发表的平台，也有其固有的读者群。在面向大众的新媒体平台上，如果我们的写作不仅是兴趣，更不想自我欣赏，写作的同时还有那么一点儿其他的想法（如收获点赞、积累粉丝甚至打造个人品牌等），那就考虑写作的方向和定位吧。

有方向和无方向的写作，如同专卖店和杂货店的区别。专卖店，给顾客的感觉，方向明确，品牌专一；杂货店，似乎样样都有，但样样都不精。专卖店和杂货店都有对应的市场需求。专卖店满足品牌需求，杂货店满足一般需求。假如我们要考虑利用写作打造个人品牌，那就按照专卖店的思路来。

定位如同登山目标。高度就是目标，就是定位。8844米，那是珠穆朗玛峰；1864米，那是黄山；几百米的，那就多了。无论你定在哪个高度，得选好登山的路径，并且坚持下去。一步步，一节节，不断累加，才有可能登至目的高度。

如果今天向上登，明天向下回，上去可就难了。方向明确、定位准确的写作，是一种功利性的写作。假如不爱，那就绕道。

## 10.4.2 如何学习,才能有效提高

答:站在学习者的角度,我们首先来回顾一下,完整的学习过程应该包括哪些环节:

- 听课(学习、输入)
- 写作(练习、输出)
- 修改(交流、反馈)
- 投稿(互动、反馈)
- 复盘(总结、提升)

暂且不说每个环节不同的人学习效果会有区别,单说这些环节不完整,就会造成学习效果很大的差异。

听课,是学习的第一个环节,这个环节的有无与优劣,直接导致学习效果的不同。

孟子在《学弈》一文中,讲述两位学生同时向"弈秋"这位全国有名的下棋高手学习下棋,一位专心致志,一位走神分心,结果棋艺高下有别,孟子总结说这不是聪明与否的问题。

弈秋,通国之善弈者也。使弈秋诲二人弈,其一人专心致志,惟弈秋之为听;一人虽听之,一心以为有鸿鹄将至,思援弓缴(zhuó)而射之。虽与之俱学,弗若之矣。为是其智弗若与?曰:非然也。

——孟子《学弈》

比起听课，动手写更为重要。因为说到底，写作是一项实践能力。好比是学游泳，单听教练说各种游泳姿势以及各种专业动作、各种呼吸之法，可是从未下水游，能学会吗？

修改和投稿，是交流互动，获得反馈的环节。专业的游泳教练为什么仔细观察运动员在水下的游泳动作和状态？就是为了有针对性地提出纠正错误和完善动作的意见。

复盘，是对整个学习过程的回顾、总结。有时间做复盘，对提高学习效果会有很大促进作用。

如何提高自己的写作学习效果，您应该明白了吧？

## 10.4.3　如果实在写不出来，怎么办

答：从日更的角度来考虑，我们很多小伙伴希望每天都能写出好文。

但是如果我们认真想一想，日更的目的是什么，就不必纠结于日更。如果不用日更也能达到我们的目的，那么日更就不是必须要做的事了。

慢跑的目的是健身。如果登山、跳绳和游泳也是可以接受的健身形式，那么慢跑就不是必须要做的事了。

同理，如果花三五天写一篇高质量的文章，足以达到你要追求的效果（如高阅读量），那么为什么要每天都挤牙膏似的写一篇阅读量很一般的文章呢？这样的所谓"日更"，也许只是一种自我安慰而已。

从技术层面，有没有办法每天都能写，满足"自我安慰"？

我的办法是用好"有结构的一句话"，至少可以保证每天都有重要的想法、感受和收获被记录下来，而且利用简书的私密文章来写，非常方便。

## 10.4.4　没有时间听课怎么办

答：有一部分小伙伴，报名学习的时候，热情高涨，兴趣浓厚。可是一旦进入日常学习，发现自己有各种困难和理由，缺课，缺课，再缺课。归结为一句话，没有时间。

这里不妨就灌点鸡汤吧。这世界上有哪一件事是不需要时间的？上天注定，一切都在时间和空间的两大现实维度里，无法超越，无法摆脱。

PPT达人、知识训练营创始人"秋叶大叔"每天只睡三四个小时。请问他有天上掉下来的时间吗？创业需要投入时间，学习更需要投入时间。

人与人之间的差别，首先不是智商，而是喝咖啡、撩妹子、看电影、泡酒吧、吹大牛及管闲事的时间谁多谁少。休闲娱乐的时间多了，学习的时间自然少了。甚至，睡觉的时间多了，思考的时间就少了。

有得必有失。十全十美的事，哪有那么容易就摊上的？既延年益寿又能实现创业梦想，或者既能安贫乐道又可学习精进，这样的好事，找不出来啊！

都说现在时间已经碎片化。那么关键问题就成了如何利用碎片化时间有效学习？

先说说自己吧。我有个坏习惯——只要排队等候，或者坐车外出，必然塞上耳机。干什么呢？听《得到》专栏。我是从2016年8月开始订阅《得到》的。其中的免费知识新闻，是我的早起闹钟，洗脸刷牙的当儿，同时收听。去食堂用餐，可以拿知识新闻跟同事聊聊，感觉是不是很好？重要的是，通过聊天，刚学习的内容就会分享出去，自己的记忆也更深刻。

简书大学堂、荔枝微课、千聊和一块儿听听等手机APP，都具备语音回放功能。用我的话说，想听就听，解放眼睛。一堂1小时左右的课，也就4个15分钟搞定。

学习，是为了习得新知，扫清自己的知识盲区，提高自己的重要能力。在终身学习的年代，如果碎片化时间也挤不出来，也有理由不利用，那么恭喜您——您已经提前进入养老阶段。

## 10.4.5 觉得自己写得不够好，不敢投稿，怎么办

答：很多小伙伴，初学写作，往往会有畏首畏尾的表现。不是担心自己写得不够好，就是担心学得不够扎实。结果，迟迟不敢出手。

看着同伴们写出一篇篇文章，质量也越来越好，更是自惭形秽，久而久之只好作罢。

用王阳明的话说，破山中贼易，破心中贼难。我们每个人心中或多或少都会有"贼"。

心理问题，要找心理专家咨询。我这里仅提出自己的看法，供参考。

### 1. 不盲目与人比

人与人，很多时候没有可比性。从写作的基础来看，每个人的起点能力、知识结构、表达能力、审美能力、想象能力、生活经历以及工作经验都不一样。

硬是拿小排量的代步车跟"油老虎"去比，那只能

自己默默流泪，暗自伤神。即便要比，也要先比一比，投入的时间、精力，再来看看产出的成果有何差异。

### 2. 不贪多求快

学习来不得半点虚假。贪多求快，可能导致囫囵吞枣，最终花了很多钱，报了很多班，一个也没学完，一个也没学好。

罗振宇有一本书《我懂你的知识焦虑》，戳中了多数民众的要害。终身学习，每个人都得撸起袖子加油学。没错，终身学习不等于人家学什么我也学什么，人家脚步多快我也多快。事实上，每个人都在自己的人生赛道上，按照应有的节奏去跑，才能轻松自如，否则累到气喘吁吁，也不见得你就能排头领跑。

### 3. 认清自己的优势和不足

每个人的优势不同，不足也不一样。通过写作，可以很好地认识我们自己。当你动笔写文章，你一定会遇到：

(1) 我能写什么？

(2) 我写出来是表达自我，还是同时利于他人？

(3) 我写什么文章最拿手？

(4) 我在写作过程中，难点和困惑在哪里？

（5）我对所写的内容思考深入吗？清晰吗？

当我们写作的同时，又能思考这些问题，不但是认识自我，而且也提高了自我。关于投稿，给刚来简书的朋友一个温馨提示：每篇文章有5次投稿机会；带有"简书"两字的专题是官方专题，官方专题的审稿时间相对比较固定，个人建立的专题，审稿时间或快或慢，没有保障；不要轻易投"首页"，否则被拒稿，就浪费了一次机会。愿你在写作的路上找到自己，努力做最好的自己。你认真做好自己的样子，真美！

## 10.5 不止于小说——《畅销作家写作全技巧》解读

在写这篇文章之前,我读了一些网上的书评,其中包括简书大咖们写的文章。我深深地觉得,写这篇文章有两种方法。一种是把全书的内容按照"高大全"的样子全部罗列出来,这样一来,有一部分人一定会很开心,因为是全貌,似乎价值展露无遗。

可我自己不开心,因为这不是我写作的样子,我觉得如果没有用我的眼光去甄别、去挑剔,没有用我的思维去碰撞、去钻探,写出来的东西,仿佛是一种物流快件,借用农夫山泉的广告语来说——"我们只做大自然的搬运工。"知识搬运,当然也有价值。但这不是我的追求。

所以,我选择了第二种写法——先浏览全书(如图10-5所示),接着选取我觉得最有价值的部分,用我自己的方式来呈现。这种方式，会花费我比较多的时间和精力，写的过程也会有痛苦的思考。但痛并快乐着，是我的追求。人与人相识，讲缘分。人与书相知，亦讲缘分。

图 10-5

缘分到，开卷处，亲切可爱，字字如己出，句句落入心底；缘分未到，强摁牛头，沾水不饮，字字句句如隔着一层厚厚的玻璃，见其形而神髓始终不得。

佛渡有缘人，此话不假。只不过缘分深浅，不可强求。与此书的相遇，随缘；与此文的相遇，也随缘。

## 10.5.1　本书概况

- 作者：大泽在昌（日本）（程亮译）
- 出版信息：江西人民出版社，2017年第一版
- 字数：260千字
- 封面推荐语：日本推理大师的私人写作训练课堂；超全面的作家职业成长规划书
- 豆瓣评分：9.5
- 内容架构：

part 1 讲座 + part 2 学生作品讲评

如果你相信豆瓣评分，那么本书看起来很不错。推理小说，一直以来深受读者的喜爱；情节设置精巧奇妙，人物刻画细腻传神，想必推理大师的经验之谈也一定颇具价值，值得细读。

翻开书的一刹那，就被其中实实在在、真真切切的各种干货所吸引。

闲话打住，进入正题。

## 10.5.2 我眼中的"干货"

有人说,读一本好书,就像是一次精神历险。我觉得读一本好书,如去往西天取经。历经"九九八十一难"与书中各种观点、思想的相遇,才能抵达"真经"的彼岸。

原因在哪里?好书,尤其是有见地、有思想、有才情、有锋芒的好书,内容异彩纷呈,结构精巧别致,篇幅繁简适宜,往往是不能一眼看到底,一口闷下肚的。咱们得远观近看,细细观摩,慢慢咀嚼,甚至反反复复几个来回才能明其理、知其味。

有些经典名作,因时代久远,我们穷其一生也未必就能取其精华。《畅销作家写作全技巧》,是我最近几个月读过的写作类最"硬"干货!我从两方面来谈谈自己那一丁点儿所谓的收获:一是小说技法;二是写作通用方法。希望对各位看官有点用。

### 1. 小说专用技法

再现独特的人生经历,这是许多小说家奋力追求的。撇开意识流小说,就一般的小说写法而言,技法也多得不可胜数。

如何设置吸引人的开头,如何使情节波澜起伏,如何使结尾余音绕梁,如何令人物栩栩如生,如何描画真实可感的场面等等,不一而足。

不过,人物、故事和环境这三大要素是最基本最重要的内容。写小说者,莫不在此三方面用尽全力、费尽心思。

在大泽老师的论述中,对于人物,他采用的说法是"角色"(如果翻译准确的话)。通常来说,戏剧表演、影视剧表演更多用"角色"。想必,大泽老师是用了一种"表演"的眼光来看待小说人物?

"有趣的小说,是角色和情节有机结合的作品。"

大泽老师为什么把角色和情节看得尤为突出?这并不意味着小说的环境可有可无,而是在他看来,人物和情节,的确能在小说(尤其是推理小说)中起到举足轻重的作用。

有了"活蹦乱跳"的人物,有了曲折变化的情节(故事),小说能不好看吗?

## 2. 角色是活的——如何使角色活起来

这是我感触最深的一点。大泽老师说一千道一万,我都觉得是为了告诉我们,小说人物必须要"活"起来,而且要活得个性鲜明,活得多姿多彩,活得与众不同。

那么,如何写出个性鲜明、活灵活现的人物呢?

### 3. 用"观察+想象"链接现实生活与小说创作

"观察别人,仅此而已。"大泽老师指出。观察,向来都是很多名作家都特别强调的。可是,对于初学者来说,却不知道如何有效观察。

如果把观察当作只是用眼睛看,一定难以奏效。伴随"看",要有想象!眼前所见,只是"皮相",如何见到背后的东西,就要依赖想象了。例如,在公司或者公交车上,见到周围的人,问一问:

是否总穿一样的衣服?

已经成家还是单身?

是在看书还是听音乐?

他/她回家后是否不洗澡就钻进被窝?

是一下班就回家安分守己,还是天黑了去夜场狂欢?

当然,这样的想象不能等同于事实,只是训练我们将现实生活与小说写作链接起来。

我们无法跟踪,也没有必要深入每一个观察对象的真实生活里面去。毕竟,小说作为文学之一种,来源于生活又得高于生活。必要的想象太重要了!

### 4. 用"变化"和"规则"使人物(角色)在故事中"真实"地活着

这一点加深了我对文学来源于生活又高于生活的

理解。

试想一下,作为一个活生生的人在现实世界中存在,可不可能从早到晚,从记事起到离开人世,始终没有一点儿变化呢?

小说中塑造人物形象,能没有变化吗?生活习惯、性格、世界观、人生观及兴趣爱好,都是有可能发生变化的。

举例来说,一个经历了车祸,从死亡线上逃回来的人,就很可能改变原先"苦行僧"的生活观,一变而为"及时行乐"的态度。

古典小说《水浒传》中林冲原先的性格逆来顺受,像极了老好人,后因高衙内的步步紧逼,终于彻底爆发,走上造反的不归路。

这个大逆转使得小说极具变化的"意外",充满了吸引力,同时也有力支撑了主题表达。规则,可以理解为理由。人物出场要有理由,人物变化要有理由,甚至人物的一个细节也应有理由。与真实的生活相比,小说人物更"真实"。生活中,在减肥的美女可以因为嘴馋吃一点儿甜食,但在小说里为什么吃?是要有理由的!否则,读者会觉得莫名其妙,不是在减肥吗?怎么吃甜食?这就是小说里的规则。当然,偶尔突破一点规则,也能给人带来人物的鲜活感。

小说的规则使人物更"真实"地活着。鲁迅《孔乙己》，对茴香豆的"茴"字的几种写法，并非"横空出世"，而是在上文就有交代：

孔乙己是站着喝酒而穿长衫的唯一的人。他身材很高大；青白脸色，皱纹间时常夹些伤痕；一部乱蓬蓬的花白的胡子。穿的虽然是长衫，可是又脏又破，似乎十多年没有补，也没有洗。他对人说话，总是满口之乎者也，叫人半懂不懂的。

——鲁迅《孔乙己》

穿长衫，满口之乎者也。这是对他身份的简单介绍，使读者明白，一个穷困潦倒的晚清读书人，借用茴香豆的"茴"字来显示自己文化人的不凡之处，是情理中的事。你看，小说中的"规则"多重要！

小说，自古活在民间，活在最广大的读者群中。小说的人物，能不在小说里活着吗？

### 5. 情节是动的——如何使情节动起来

情节，也就是小说的"故事"，如何才能吸引人？在大泽老师看来，必须是富于变化的，而且"过程变化，最终解谜"。

用图示来表示。如图 10-6 所示。

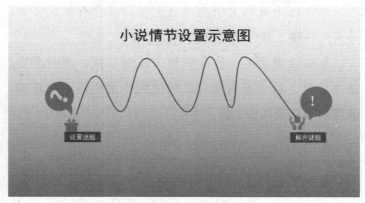

图　10-6

谜题的设置,未必是放在小说的开篇,能让读者产生巨大好奇心,才是要重点考虑的。

## 6. 用好伏笔

伏笔,关系到故事后期的"大反转"。都德的《最后一课》,文章开始写小弗郎士上学路上看到许多人在布告牌前看什么,并且最近一些坏消息都是从那儿传出来的。作者还顺便列举征发、打仗等。那么今天是什么消息,小弗郎士没有去看,不知道。

作者暂不交代,我们读者也不知道。任情节向前发展,待到上课时,韩麦尔先生宣布这是最后一堂法语课,阿尔萨斯和洛林已被普鲁士士兵侵占,韩麦尔、小弗郎士他们就要沦为亡国奴。

小弗郎士恍然大悟为什么布告牌前会有那么多人，今天布告牌上是什么消息就不言而喻了。

文章设置伏笔，往往使情节波澜起伏，跌宕多姿。前有伏笔，后文必有照应，照应的作用能使情节连贯、脉络清晰以及结构紧凑。

### 7. 设计点线

在大泽老师看来，小说故事情节，是由点和线巧妙构成的。如果按照"起承转合"四个部分来分析，那么至少要有4个重要的点。点与点之间，是以直线连接，还是用隆起的曲线？这些区别就造成小说的趣味不同。以爱情小说为例，假如4个点是：相遇、热恋、失恋和和好。那么，从相遇到失恋，是让男女主角一帆风顺呢？还是历经坎坷？这涉及小说的主题。但有一点可以肯定，"直线"和"曲线"的不同设计，效果大相径庭。不说了，上图。如图10-7所示。

### 8. 写作通用方法

我们常常发现，大师们在自己专有领域创造的所谓技艺，往往具有某种超越性，使之变得具有普遍借鉴意义。

该书不少关于小说的创作方法，对于其他类型的写作同样具有重要启示意味。

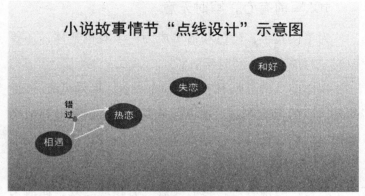

图 10-7

### 9. 八分感性,两分理性

"充满情绪的文字"和"刺激情绪的文字"并不是一回事。好比电视节目主持人,恰巧主持一档情感类纪实节目,如果一上场,自己先泪流满面,就无法客观公正地主持好节目;主持人可以动情,但不能"滥情"。

八分感性,两分理性。说的就是这个道理。

诗歌、散文,还有其他情感类文章的写作,作者都很难在自己的情感奔泻不止的情况下进行。因此,要拿捏好自己在写作中的情感状态,这是我们每一位写作者都应注意的。

有时候,让自己激动的情绪、汹涌的情感,暂时搁置,稍加冷却,就能做到应有的理性。

### 10. 写前有心，写时无意

为了使文字、角色和情节成为一个有机整体，还要做到"写前有心，写时无意。"

司空图《诗品》有言："不着一字，尽得风流。"说的是诗歌的情感表达、意境营造要含蓄委婉。对其他文学作品的创作而言，借鉴意义就在于，技巧的运用应当尽力做到不露痕迹。

这与"写前有心，写时无意"有相通之处。任何文章的写作，动笔之前，都需要潜心构思，用力挖掘，对文章的标题、开头、中间以及结尾可谓"费尽心机"。这是考虑技巧。

一旦动笔写作，就应努力做到顺其自然，不露痕迹。忘了技巧，才能得心应手，游刃有余。

### 11. 我无法采撷的

必须承认，我与该书的相遇，也许只是情深缘浅。以上所谓的收获，可能只是勉为其难的胡诌，也可能只是沧海一粟，并不能穷尽该有的英华。

如果因为我的自作主张，耽误了各位读者的英明选择，岂不是罪过吗？请你放出眼光，自己来拿吧。

## 10.6　做到这 3 点,你也能把小说人物写活

"好喜欢!"同事雨婷禁不住尖叫,一边还用力扯一下旁边的梦娇。"花痴啊!?"哈哈哈……大伙儿都笑起来。

这样的生活场景,并不少见吧。我常常为作者、编剧或导演,能塑造出这样魅力四射的男一号,拍案叫绝。

小说也一样。除了故事情节要跌宕起伏,人物是否个性鲜明、魅力十足,同样关系到作品能否"叫座"。

如何把小说人物写活,讨论的文章多如牛毛。隔壁李大爷早已激扬文字,高论频出。留给我说话的余地似乎不多了。

可是,文无定法,不同的作者,不同的流派,写法千变万化。这里,我就结合具体作品,来谈 3 点重要方法,希望有益诸君。

## 10.6.1 人物性格跟随情节发展适时变化

一部成功的小说,故事情节变化迭出,让读者为之拍手称快。那么,故事情节变化了,人物呢?人物要不要随之变化?怎么变?

《三国演义》大家不陌生吧。诸葛亮这一人物形象可谓家喻户晓。草船借箭、七擒孟获和大摆空城计等,将诸葛亮足智多谋、神机妙算,并且尽忠职守的特点体现得淋漓尽致。读起来大快人心!

那么诸葛亮这一人物形象的塑造,有没有缺陷呢?诸葛亮的性格、特点在整部小说中,该不该有一些变化?

可能有读者会提出来,当时的历史条件和社会背景,还不具备刻画变化的人物性格的因素。那么,咱们既然是探讨如何更好地将小说人物写活,就允许有一些假设和挑战。诸葛亮"神机妙算"和"智慧化身"的特点,近乎神。过犹不及啊!从头到尾都太足智多谋了,这就不太真实!给读者留了点虚假的感觉。

怎么办?很简单,刚开始,诸葛亮并没有实际从政和作战的经验,"臣本布衣,躬耕于南阳。"所以更真实,更符合"剧情"(故事情节)的写法是,先别那么有智慧!

随着操刀战事的增多,诸葛亮也越来越"足智多谋"。这比起一成不变的"神机妙算"要真实得多,也更有感染力。相比较而言,《水浒传》要进步多了。"逼上梁山",一个逼字,已经告诉读者,人物性格是随着情节推进而随之变化的。这就有好戏看了!林冲一向忍气吞声,逆来顺受。连自己的妻子被当街调戏,也强忍不动。

可后来,高衙内指使差拨非要置林冲于死地。"火烧草料场"一出,林冲终于忍无可忍,怒杀爪牙,终于被迫逼上梁山。林冲的性格也由此得到一次蜕变。情节发展变化,人物性格也随之有所变化。读者感受到的人物是鲜活的,是有生命的。

## 10.6.2 人物细节描写追求艺术真实

细节描写,已经被说得"熟烂"了。还有什么可说的?我倒是想谈谈细节描写的"艺术真实"。不是所有的细节描写都有助于塑造人物形象。正如不是所有的人物描写都要用细节。白描和勾勒,同样能传神!咱们读鲁迅先生的作品就有深刻体会。细节描写的一大作用,就是强化其真实感和现场感。

流苏到处瞧了一遍,到一处开一处的灯。客室里门窗上的绿漆还没干,她用食指摸着试了一试,然后把那黏黏的指尖贴在墙上,一贴一个绿迹子。为什么不?这又不犯法?这是她的家!她笑了,索性在那蒲公英的粉墙上打了一个鲜明的绿手印。

——张爱玲《倾城之恋》

对白流苏入住范柳原居处,刻画其沾了绿漆的指尖"贴在墙上"这一细节,可谓生动传神,细致入微了。白流苏自从死了丈夫,屈居娘家,一直都有寄人篱下、遭人白眼的压抑郁闷感。

如今,她攀上了范柳原,有了独立的住处,内心的满足与欣喜,可想而知!也让读者仿佛一下子来到了主人公的住处,身临其境。但如果从现实生活看,似乎不大可能。除了孩子,谁会用手指去触碰没有干的油漆呢?

这里就涉及艺术真实了!艺术真实不等于现实生活中的真实。它是以表达情感、塑造人物形象和描画典型环境为目的的。合情合理就可以。

小说人物细节描写,不是照搬照抄生活中的细枝末节,而是遵循艺术真实的合情合理,允许适当加工和改变。

## 10.6.3　人物每一次出场有充分理由

小说人物出场大致有：
- 开篇亮相
- 首次登场
- 偶然出现

开篇亮相，是在小说开端处出现，往往兼有引出下文故事情节的作用。首次登场，是人物第一次在小说中出现，很可能不是开端处。偶然出现，与"剧情"（主要情节）存在某种偶然关联。

再宽泛一点，"出场"还可以理解为人物的每一次表现——动作、语言、表情和心理等。作为一名深爱特警题材的影视观众，我深深明白观众之所以吐槽《特警力量》（2015）的原因。就拿"泪水"来说，这部片子简直要把荧屏都哭湿了！

赵小黑因为自己连续两次没有扣动扳机，用高精狙射杀犯罪分子，丢失了他在小虎突击队第一狙击手的位置。在交出高精狙的时候，哭得不要不要的，简直像个七八岁的孩子。这是不是有点过了？人家怎么说也是特警，哪能动不动就哭得像个娃娃一样呢？！这就是"理由不够充分"！其结果是让观众觉得矫情、不合逻辑甚至累觉不爱。

举个成功例子吧。马克·吐温《我的叔叔于勒》，巧妙地叙写"一家人"在甲板上偶遇叔叔。本以为叔叔于勒在海外发了财。可事实却是于勒只是个在船上卖牡蛎的老水手。"唉！如果于勒竟在这只船上，那会叫人多么惊喜呀！"

父亲的弟弟于勒叔叔，那时候是全家唯一的希望，在这以前则是全家的恐怖。

上文已经有了交代——叔叔于勒"以前是全家的恐怖"。这就意味着于勒外出闯荡，有两种可能，一是真的飞黄腾达，遇到飞来财运，二是依旧穷困潦倒，两手空空。

从家庭背景来看，叔叔于勒并没有受过什么特别的教育，也没有特殊的本领。因此依旧穷困的可能性更大。这样一来，以一个老水手的身份出场就显得合情合理。写小说一定很烧脑。人物刻画，并非开口说话那么简单。不仅要让人物性格、特点随情节有所变化，把细节刻画得符合艺术真实，还要力求每一次出场都能合情合理。情节曲折，人物鲜活，小说一定很"叫座"！

## 10.7　故事思维，是怎样让你的写作打动人心的

真相，直接又冰冷，曾被村庄里的每个人拒之门外。她的直白吓到了人们。

当真相被寓言发现的时候，她又冷又饿，蜷缩在角落里。寓言可怜她，把她带回家。在家里，寓言用故事为真相装扮，给予真相温暖并再次送她出门。

身着故事的外衣，当真相再次敲响村民的家门时，受到了热情的欢迎，被迎进了村民家。村民们给她烤火并邀请她在他们的桌子边吃饭。

——犹太教育故事

读到《故事思维》里的这个小故事，我被深深震撼了！当我们是"真相"的时候，是否会咄咄逼人，示人以冷若冰霜的一面？此刻，对方感受的不是我们的一片诚恳与好意，恰是凶狠与冷酷。突然觉得自己过去也偶

尔会扮演"真相"。自以为手握真理,大义凛然,义正词严。其实,吓到了家人、朋友和同志。"直白的真相令人畏惧",没错,就像苦口的良药吓跑了孩子,严酷的诤友赶走了知己。娇艳的花儿,才能引来蝴蝶翩翩起舞,才能唤醒一个明媚的春天。

来点故事思维,让我们的生活和写作多一点五颜六色、五彩缤纷。生活和写作并没有因此而变"坏",反而锦上添花、秀外慧中。

## 10.7.1 什么是故事思维

故事思维,不只是讲故事。正如"断舍离",不只是噼里啪啦大扔东西。

在《故事思维》这本书中,作者安妮特·西蒙斯(美国)提出一个非常重要的观点:在我们的辩证思维之外,再加上一个故事思维。在运用辩证思维和理性思维时,我们剔除了情感因素和逸事因素,这就也把故事剔除了。

在作者看来,故事思维跟辩证思维、理性思维是平起平坐的。有了故事思维,才能使内容获得人们的信任,触动人们的心弦。

也许是作者觉得没有必要像教科书那样,一板一眼地介绍故事思维。这本身就是一种故事思维——调动主观情感,基于真实的人生经历,帮你跨出"客观思想",用故事去影响别人。

可见,故事思维,是运用故事的元素进行思考和设计,以求解决某种问题,达到特定处事效果的一种思维。

故事能创造力量。复杂世界,故事为王。

## 10.7.2 如何在写作中运用故事思维

最好的学习是运用。运用的前提是理解。

这里不妨借鉴拆书帮的方法。第一步,先拆解、提取《故事思维》中的故事元素;第二步,重新组合"故事思维"的几个核心要素;第三步,结合案例,看看写作中如何运用故事思维。

### 1. 故事思维的核心要素

先来看一个故事吧,这将有利于理解我在下面提到的故事元素:

在一场激烈的战斗中,上尉忽然发现一架敌机向阵地俯冲下来。照常理,发现敌机俯冲时要毫不犹豫地卧倒。可上尉并没有立刻卧倒,他发现离他四五米远处有一个小战士还站在那儿。他顾不上多想,一个鱼跃飞身将小战士紧紧地压在了身下。此时一声巨响，飞溅起来的泥土纷纷落在他们的身上。上尉拍拍身上的尘土，回头一看，顿时惊呆了：刚才自己所处的那个位置被炸成了一个大坑。

通过故事的方式来讲述，助人就是助己，能在读者脑海里留下深刻的印象。这比起直接告诉的效果要好多了。这就是故事的魅力。我们先来简要分析一下这个故事：

背景：激烈战斗

人物：上尉、小战士

情节：敌机俯冲，上尉扑救小战士，两人生还。

主题：助人即助己。

《故事思维》第二章，"何为故事"中提到：

因为包含了时间、地点、行为和结果等元素，这个故事就有了其独特的魅力，能够深入我们都会遇到并且我们都能注意到的复杂情形中。

在第三章"答案授人以鱼，故事授人以渔"中，作者又指出：

在人的头脑中，以情感为线索串起一系列的事实，这便是故事；听众沿着这个线索，形成了自己未来的思想，这就是你影响别人思想的过程。

那么上述故事中有没有情感或情绪因素呢？有。发现敌机俯冲下来，这里已经制造了紧张的情绪；当巨响发生，又激发异常紧张、惊恐的情绪；最后，"惊呆了"是上尉的表情，读者可能长吁一口气，感到欣慰。

结合更多的故事，我们可以提炼出故事的元素可以包含：主题、人物、情感、情节、细节和时空，用一张图来展示。如图10-8所示。

图 10-8

其中，主题、人物和情节是必不可少的。有了人物和情节，故事就显得有血有肉，而且玲珑别致；有了主题，故事就有了灵魂，情节就不至于散漫，无论怎么变，都会围绕一个焦点展开。

情感、细节和时空使故事看起来更加真实、可信，有人情味和可读性。尤其是细节，那常常是故事打动人心的关键所在。

### 2. 故事元素的重组

就像千变万化的世界其实是来自100多种元素。很多叙事类文学作品，就是以上多种故事元素的巧妙组合。不信，你看：

小说三要素——人物、故事情节和环境，其中，环境就是时空的综合体。

举个例子来说，汪曾祺小说《职业》描绘街上不同的叫卖声，就是一种特定的时空，渲染出当时市民和底层劳动者的众生相。

在散文中，情感、人物和其他元素能组合成精彩的抒情散文。

朱自清《荷塘月色》开篇第一句："这几天心里颇不宁静。"为全文定下情感基调。抒情主人公、荷塘、荷花、柳树和明月等一系列事物共同组成月下赏荷，排遣郁闷，寻求一时精神欢愉的画面。

其他类型的作品，同样也有故事元素的呈现。足以说明，故事元素具备极强的迁移性，运用得当，效果不言而喻。

## 3. 写作中，如何运用故事思维

好的故事情节为什么特别吸引人呢？因为曲折有变化。写小说，写剧本，写记事类文章，不妨多考虑设计好精巧有变化的情节。文似看山不喜平。老生常谈，但你不得不承认审美阅读心理的确这样。人体 S 型曲线，不就是一个很好的例子？不涉及情节的文章，该怎么办？结构上可以多点合理的变化，以引起读者阅读兴趣。举例来说，一篇分享育儿知识的文章，修改前结构大纲如下：

- 培养孩子注意力很重要
- 培养孩子注意力的三个方法
- 举例子（成功案例）
- 分享其他方法

如果按照故事思维，该怎么改呢？原文结构中规中矩，难以引起读者欲望。应当调整结构，凸显变化，引发兴趣。如下：

- 成功案例分享
- 是怎么培养的
- 培养孩子注意力三个方法

## 4. 分享其他方法

《故事思维》告诉我们，因为人是感性的动物，所以影响别人时"动之以情",往往效果比较好。

哪些地方可以加入情感元素呢?除了写人记事要调动我们的情感因素,让文字饱含深情,干货类文章也可以瞅准机会"煽点情"。举个例子来说,论述时间管理的一个句子如果这样写:如今,如何利用好碎片化时间,提高工作效率,已经成为成功人士的一门必修课。

也可以这样写:碎片化时间!这已经无可避免。我觉得,自从我学会利用碎片化时间,工作效率提高了不少!一下子比别人多了很多成功的机会,真是开心。怎么样,成功人士要不要好好学习呢?

两相比较,表达效果分出高下了吧。

故事因有别致的细节而动人。细节能营造真实感、逼真感,比起大场面能更好地引起读者的心底波澜。

不少小说也以出色的细节描写而取胜。如契诃夫《磨坊外》:

磨坊主人匆匆忙忙地把手伸进衣袋里去,拿出一个大皮夹子出来"哪,这是给你的"他含含糊糊地说,从皮夹里拿出一小把钞票和银币。"拿去吧!"他手里卷着那把钱,揉搓着。不知什么缘故,他回头看了看修士们,然后又揉搓那些钱。票子和银币从他的手指中间漏下去,一个连着一个的回到皮夹里,只有一枚二十戈比的钱币还留在他的手里,磨坊主人瞧着它,用手指头摸一摸,然后嗽了嗽喉咙,脸涨得发紫,把那钱递给他母亲了。

上文对磨坊主的细节描写,活脱脱地刻画出吝啬、冷漠的性格。读来如在眼前,形象逼真。不讲故事的文章如何借鉴呢?可以在两个方面来点"细腻色":

- 讲究遣词造句;
- 注意精心配图。

但凡好的文章,都会注意字词句如何表达更准确,更传神,同时配图也多琢磨、细思量。这些方面都体现出作者着力使文章多点"细腻色",让读者有更佳的阅读体验感。

故事思维,不只是讲故事。更多的是让我们运用故事的元素,为生活和文章增辉添色。目光所及,惊艳于心,谁不满心欢喜呢?

## 10.8 明白《完全写作指南》的3个漏洞，就能理解写作的精髓

看到这个题目，你是不是有点小吃惊或者好奇呢？吃惊的是，《完全写作指南》（如图10-9所示）也有3个漏洞？好奇的是，我如何发现这3个漏洞并帮你理解写作的精髓。

相信打开文章来阅读的朋友，有不少已经购买了美国劳拉·布朗的《完全写作指南》（以下简称《指南》）。为什么呢？主要原因有二。

- 网络上很多关于《指南》的书评，对它的价值和用途进行了评述，基本上是持肯定和推崇的态度。
- 著作的光环耀眼：劳拉·布朗是一位博士，"完全写作"这四个字也足以吸引多数读者的目光，令他们决心一睹风采。

图　10-9

　　这样说，并非要否定《指南》的成就和价值。事实上，这本书对于我们学习自媒体写作的伙伴来说，用处很大。

　　为了客观公正起见，我先说说我读这本书的收获吧。

## 1. 树立明确和清晰的读者意识

　　可以说，"读者意识"是作者自始至终都格外强调的。即便是在谈到组织文章（第二章第二节 pp.11—13）

这一部分,作者也念念不忘"读者"。

组织语言的过程总共也花不了几分钟,但这几分钟却能够解决大问题,能够消除读者的消极反应。这时就可以开始写初稿了,有了这份提纲,你应该知道怎么写了。(《指南》原文 p.13)

这的确非常重要。在自媒体平台上写作,例如微博、微信公众号、一点资讯和简书,没有读者意识,不会从读者角度考虑文章的内容和写法,很可能就陷入自娱自乐、自我表达的泥淖。

《指南》在前四章阐述写作方法的过程中,从不同角度突出了读者意识对于写作的重要性。更可贵的是,它把读者意识变成可以操作的步骤和工具。

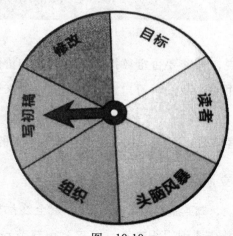

图 10-10

作者认为，在你动笔写作之前，要先搞清楚写作的目标和作品的读者。上面一幅图（如图 10-10 所示）清晰地提示每一个写作者，此图不可忘记，随时成为我们写作时分析对象和完成写作的工具。

### 2. 让写作有具体流程可以依靠

对于初学写作的朋友来说，可能会觉得写作是一件看不见、摸不着的极其抽象的活儿。当写作有了具体流程之后，这将是一件多么幸福的事啊！

明确你的目标—了解你的读者—锁定你想表达的内容（头脑风暴）—组织文章—写初稿—修改。从理论上说，任何一位具备一定写作能力的作者，都可以按照这个流程写出一篇比较完美的文章。

### 3. 提供强化写作思维的简明工具

除了上述内容提到的转盘图，简明扼要地呈现了正确写作的重要环节；同时，作者给出了一些头脑风暴的规则清单。如图 10-11 所示。

这些工具图和清单，要么帮助我们在写作中厘清思路，贯彻意图；要么起到完善我们思考角度、思维向度的作用。

毋庸置疑，《指南》为我们自媒体写作提供了极好的方法、工具和案例。

1. **想出的点子越多越好**。如果你能把注意力放在数量而非质量上,那么提出有用的点子的概率就会更大,点子多多益善。
2. **不要审查,不要评论**。头脑风暴时,让你的思绪自由发散。这并不是对点子进行评论的时候,不要说这个点子不太好,那个点子不合适。把脑袋里评论的声音关掉,把所有想到的东西都写出来。你可以之后再删减。
3. **接受不同寻常的想法**。不要考虑你的想法靠不靠谱。你的这些想法可能完全超出预料,但它们当中可能会有一个非常有用,或至少能为你的思考指引方向的点子。充分发挥自己的想象力。
4. **合并改进你的点子**。如果你任由思绪自由发散,那么点子很可能会有一些重合。观察它们的相似之处,并加以合并调整。

图 10-11

不过,仔细思量,还是会发现如此强大的《指南》也存在一些漏洞。看明白这些问题,我们对写作的理解就能"欲穷千里目,更上一层楼。"接着,我来分享我个人的一点看法。如有偏激,纯属个人观点,还望海涵。

## 10.8.1 漏洞一：把写作等于非虚构类写作

在翻阅全书的过程中，我力求找到作者在某一章节或者序言里，对文章提到的"写作"有一个简明扼要的界定或者说明。可惜没有。我猜想是否是英语中"写作"（write）专指非虚构类写作，后来查了很多实际应用例句，发现"写作"在英文中，可以跟"诗歌"搭配，成为"写作诗歌"。

也就是说，写作实际包含了虚构类和非虚构类写作；或者包含文艺性创作和实用性写作。举例来说，李白、杜甫和白居易写诗歌是一种写作；罗贯中、施耐庵和曹雪芹创作小说也是一种写作。

律师写诉讼函，文案写手写软文是一种写作。我们在简书平台写干货类文章和情感类文章也是写作。

《完全写作指南》全书所涉及的"写作"实际指非虚构类写作。作者对此没有明确说明，容易误导部分初学者。

## 10.8.2 漏洞二：把写作约等于"制作"

作者在书中，清晰地列出了写作的流程、要点和工具，这既是优点所在又是弊端所埋。按照作者的观点和操作方法，写作如同制作一个产品一样，只要按流程走就可以。

而我们知道，写作实际上是一个非常复杂的精神创造过程。其中会存在灵感、想象和顿悟等多种非流程、非可控的因素。

对于读者来说，哪怕就是纯干货的文章，也要搭配一些个性化的感悟和灵动的表达，才会令读者充满读下去的欲望。

在简书写作个人成长类干货文的彭小六，就在其文章里面时不时露出自己的个性情趣，显得文字颇有点儿温度，非常讨读者喜欢。

## 10.8.3　漏洞三：把写作约等于"无情"

全书最能和"有情"挂钩的是关于如何写情书的一小节内容。即便是这样充满个性化情感表达的内容，作者也搬出工具，亮出理智，显得客观气十足。如图10-12所示。

从加粗的文字——目的、读者、头脑风暴和打初稿等，可以看出作者作为西方擅长理性分析的代表作家一贯严谨的作风和特色。

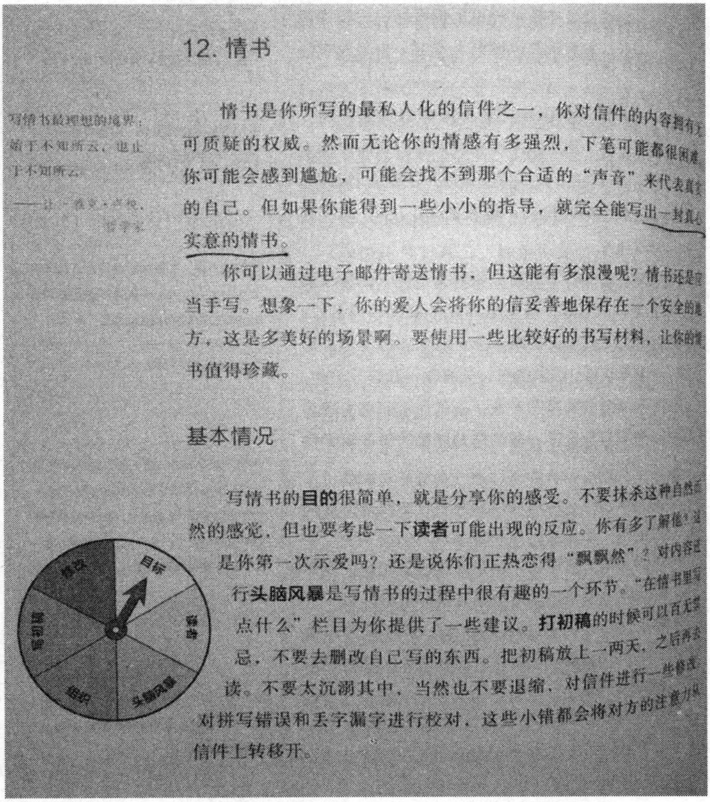

## 第10章 自媒体写作例文自选

### 12. 情书

情书是你所写的最私人化的信件之一，你对信件的内容拥有可质疑的权威。然而无论你的情感有多强烈，下笔可能都很困难，你可能会感到尴尬，可能会找不到那个合适的"声音"来代表真实的自己。但如果你能得到一些小小的指导，就完全能写出一封真心实意的情书。

> 写情书最理想的境界，缩于不知所云，也止于不知所云。
> ——以"雅女""卢梭"留学家

你可以通过电子邮件寄送情书，但这能有多浪漫呢？情书还是当手写。想象一下，你的爱人会将你的信妥善地保存在一个安全的地方，这是多美好的场景啊。要使用一些比较好的书写材料，让你的书值得珍藏。

### 基本情况

写情书的**目的**很简单，就是分享你的感受。不要抹杀这种自然而然的感觉，但也要考虑一下**读者**可能出现的反应。你有多了解他？是你第一次示爱吗？还是说你们正热恋得"飘飘然"？对内容进行**头脑风暴**是写情书的过程中很有趣的一个环节。"在情书里写点什么"栏目为你提供了一些建议。**打初稿**的时候可以百无禁忌，不要去删改自己写的东西。把初稿放上一两天，之后再来读。不要太沉溺其中，当然也不要退缩，对信件进行一些修改，对拼写错误和丢字漏字进行校对，这些小错都会将对方的注意力从信件上转移开。

图 10-12

真实的写作，尤其是情书写作，应该让情感和自我因素暂居首要位置，这样才能真正写出打动对方的文字。

"情动于中而形于言"更符合人的情感属性和自然要求。人，终究是感性和理性的矛盾统一体。

挑了《手册》的 3 个漏洞，并不代表我不喜欢或者不推荐这本书。毕竟任何一本书都不可能十全十美。

只是,"横看成岭侧成峰,远近高低各不同。"我从另一个角度来欣赏这部大作,不经意间发现了3个我认为的问题,或许只是提供一种新的阅读角度而已。

所谓"尽信书不如无书",无论读哪位大神的书,我们都不能迷信。阅读写作类的书籍,道理亦然。热爱写作,从理解写作开始!

## 10.9　这些年来，我常读这 3 本书

苏东坡曾言：

食不可无肉，居不可无竹。无肉使人瘦，无竹使人俗。

我的住处，有修竹一片，在院门外，不是我的，为我所"用"。冬可观雪中翠竹挺拔"傲娇"，夏可听风里阵阵竹语如涛。虽说有翠竹为伴，但我似乎依然俗不可耐。好追剧，爱臭美，喜炫耀。

秉性之坏处，修行多年，未见其减。偶尔还以"酒肉穿肠过，佛祖心中留"来安慰自己——俗家弟子尚且如此，我算哪棵葱，俗就俗了呗。

最俗之处，莫过于每次出门旅行，短到两三天就能回转身的小出差，也要自欺欺人，带上一摞书。明知没时间细看，但摞在桌上或码在床头，便觉得脸上有光，心中舒坦，睡觉似乎也更能安然酣睡。莫非这就是传说

中的"枕着你的名字入眠"？在有幸入选我"宠爱的书"列中，有3本可以提一提，分享给大家。

## 10.9.1 《逻辑要义》

学写作，不是应该把文学类经典著作随身携带吗？不能略通逻辑，不能稍明事理，写作的理路就会不畅，文章容易出硬伤。

鲁迅先生曾经对读书发表独到见解：爱看书的青年，大可以看看本分以外的书……即使和本业毫不相干的，也要泛览。譬如学理科的，偏看看文学书，学文科的，偏看看理科书，看看别个在那里研究的，究竟是怎么一回事。这样子，对于别人，别事，可以有更深的了解。——《读书杂谈》

这是很有道理的！这又让我想起《放羊的和砍柴的》，对这故事，大部分人的结论是羊吃饱了，柴火呢？砍柴的肯定吃亏了。

倘若换一种角度看，放羊的或许能提供更好的路线，更好的买家信息。砍柴的不一定吃亏呢。这或许是"跨界思维"。

写作的，能了解和学习理工科思考问题的方式，借鉴其科学、严谨的思维模式，对开拓思路、刷新视角和弥补不足大有裨益。

那么,《逻辑要义》(如图 10-13 所示)与同类书相比,特点是什么呢?本书对逻辑基本概念和推理规则做了介绍,并将这些规则融于各种时新实例中,以培养学生逻辑思考和推理能力,进而建立起在日常生活中分析、解决问题的能力,真正发现生活世界中的逻辑。对于一些较难理解或在学习和应用过程中可能会遇到的问题,书中给出了"重要提示"。章末更有"章节摘要"对整章内容做一整体归纳和总结,方便学生掌握逻辑学基本规则。

图 10-13

不用多说,它比较适合非逻辑专业的小白——尤其是吾等纯文科专业出身的。毕竟,看得懂,能明白,用得上,才是硬道理。那么结合写作来谈,有何具体益处呢?

举一个例子。比如要写一篇知识分享类的干货文章,重要的就是要证明文章的观点可信。那么,逻辑学中的推理就能起到极大的帮助作用。推理之中,前提不正确或者证据不足,结论能站住脚吗?解决类似的问题,读读这类书,会大有好处。

## 10.9.2 《宋词选》

见图 10-14。

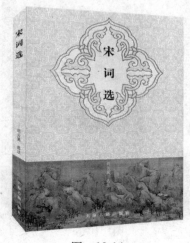

图 10-14

《逻辑要义》有些烧脑，不妨来点文学茶点。如果诗可以奉为"经"，就像是御膳房里的精致糕点，那么宋词就如同寻常百姓家里的点心了。

郁闷时，来几句宋词，"舞低杨柳楼心月，歌尽桃花扇底风。"孤独时，来几句宋词，"但愿人长久，千里共婵娟。"落寞时，来几句宋词，"一曲新词酒一杯，去年天气旧亭台。夕阳西下几时回？"

感觉隔着遥远的时空，有一位知己与你心灵对话，并非前无古人后无来者，是不是天地顿宽？这宋词不就是人生中的茶点吗？不必强求多多益善，有点即可。

无须追求附庸风雅的闲情逸致，不用耗费时间精力去啃长篇大论，想到时钻入细读颇能让人赏心悦目；无意中翻开过目也可乐在其中。对该书的阅读和利用建议如下。

## 1. 案头常备，随时翻阅

人间最美是宋词。语言、情感、意象以及意境，无不令人陶醉。对于学写作者，长期"服用"宋词，可美容养颜，令文章语言典雅，肌肤靓丽。

## 2. 立志诗作，细琢细磨

如果您是诗歌爱好者，尤其是古诗词创作者，《宋词选》值得日日研习。王国维创作了《人间词话》这本词评论，又有《人间词》流芳后世。若不是对众多诗词佳作赏玩研磨，是万万做不到的。

### 10.9.3 《文学理论》

见图 10-15。

图　10-15

翻开目录，就令人爱不释手。有一种相见恨晚的感觉。学文学，你孜孜不倦、辗转反侧、百思不得其解的很多问题在这里都得到了解答——至少是重要思路和线索。

对于没有学过文学基础知识的读者来说，的确很有点烧脑。不过，我始终坚信，烧脑之后，"羽化成蝶"的可能性不是没有。

跟中国古典文论著作《文心雕龙》有得一拼。同样体大虑周，同样思深语精，同样百读不厌。该书如何读比较好呢？

- 零基础，请慎入。最好先学学文学基础知识，结合自己的阅读写作实践，再来品读，如此滋味越来越醇厚。
- 结合作品，搭配读。文学理论，是从具体的文学现象和作品中抽象提炼出来的。如果只读理论，就如同手握21金维他，却不明这些维生素究竟来路如何。
- 结合写作，感悟读。有了写作实践，再来翻看文学理论，对其中的相关内容（如作品结构、语言符号等）就会有切身体会，理解自然更为准确到位。

## 10.10 一个句子,串起五种表达方式

知识内容创业的年代,写作是一种必不可少的输出方式。论说道理,描写场景,叙述事件,都离不开表达方式。善于运用不同表达方式,才能把自己的想法和观点有效地传达给他人。有效传达促进结果产生,自然有助于自己的知识内容变现。先了解五种表达方式:

- 叙述(记叙)
- 描写
- 抒情
- 议论
- 说明

下面,我们尝试着用一个句子,衍生出这5种表达方式。只要回忆一个句子,然后理解如何变化,就能记住五种表达方式了:

1. 【叙述】马云在"云上城"逛街。(原句)

用处：叙述常用来平实地讲述一件事。当我们需要相对客观地呈现某一种现象或事实的时候，就可以采用这种表达方式。

2. 【描写】马云抽着雪茄，戴着墨镜，在光怪陆离的云上城，悠闲地逛街。(变句)

用处：描写，带给读者的感受是形象生动，如闻其声，如见其人，如临其境。因此，描述场景的时候，就特别需要。场景化、体验感，是"描写"擅长营造的。

3. 【抒情】马云抽着雪茄，戴着墨镜，在光怪陆离的云上城，悠闲地逛街——云上城大变样了，简直不可思议！云上城，中国人为你骄傲！(变句)

用处：发感慨、吐心声，既是人之常情，又是渲染观点、突出立场的有力助手。抒情，也让读者更好感受到作者的鲜明个性和独特魅力，有利于加深读者对知识内容生产者的印象。当然，就知识内容本身而言，要尽可能客观理性地传达出来，不过这与塑造作者个性形象并不矛盾。

4. 【议论】马云抽着雪茄，戴着墨镜，在光怪陆离的云上城，悠闲地逛街——云上城大变样了，五年或者三年之后，云上城甚至可以抗衡美国的西雅图！这是云

计算和大数据的胜利，更是整个地球村的胜利！（变句）

用处：直接表达自己的观点和立场，议论是必不可少的。深入探讨某一种现象，如商业模式，就需要用到议论。公众号李叫兽的文章，主要就是运用议论这种表达方式，其深度思考的理性魅力展现得淋漓尽致。

5.【说明】马云抽着雪茄，戴着墨镜，在光怪陆离的云上城，悠闲地逛街——云上城大变样了，简直不可思议！那些爬满常青藤的小屋，有20多个，高度在3米左右，都是新生代创业的孵化器。（变句）

用处：对特定产品或模型进行科学描述时，就要采用说明这种表达方式。精确、明了，是其最大特点。

小结：

- 叙述、描写、抒情、议论和说明五种表达方式，各有所长。
- 根据表达内容，综合选用不同表达方式，能让文章和知识内容表达效果突出，有利于达成输出目的。

## 10.11 你说话有多舒服，文章就有多美丽

一位老师把上课调皮捣蛋的学生叫到办公室："你今天又哪根神经搭错了？居然在数学课上扔纸团？！"

学生木木地望着老师。老师继续："你以为书是给我读的吗？我还缺你读书吗？下午放学留下来，不要回去，叫你妈妈来一趟。"学生一脸郁闷。

另一位老师把上课调皮捣蛋的学生叫到办公室："你今天让老师有些失望，也有些吃惊。我知道你扔纸团是有原因的。告诉老师，让老师帮你分析一下。"学生眨眨眼睛："老师，其实是这样的……"

同样的事件，一位老师的处理，让师生陷入僵局，另一位老师却迎刃而解。出发点都是为了教育好学生，说话方式不一样却导致结果截然不同。

类似的情形不止发生在学校。人与人交往的任何场

合，都有可能因为一言不合吹胡子瞪眼睛，最终搞得双方都很蓝瘦香菇。

其实，写文章是另一种形式的说话。古人说："言之无文，行而不远。"你说话有多舒服，你的文章就有多美丽。

## 10.11.1 让"老奶奶也能听懂"

根据二八原理，精英和大众的比例大致也是符合的。读者群体最庞大的应该是大众。要把文章写得连老奶奶也能明白，古人早就在追求了，白居易就是代表。

学术论文，是写给做科研、做学问的人看的。用写论文的笔调来写大众读者的文章，显然是门不当户不对，反之也是这样。

做市场营销的，都知道有一种销售叫"精准营销"。说白了，就是什么样定位的产品卖给什么样的客户，产品和需求之间是强对应关系。硬是把豪华别墅推销给工薪阶层，或者把廉价日化品摆在五星级酒店的客房里，都是很难行得通的。

面对大众读者，就应该满足其大众口味。公众号剽悍一只猫的文章《永远年轻，永远热泪盈眶》，有这样一段话：

为全世界制造产品的中国消费者,却要想方设法,抢购国外检测没有通过的产品。想来真的有点灰溜溜的难过。

最后一句"想来真有点灰溜溜的难过"着实让我觉得有一股太极般的柔中带刚。本可以言辞犀利,狠狠来一句恨铁不成钢的晴空霹雳;剽悍一只猫却轻轻柔柔,说得如此委婉而不失力量。这样的话语是不是很亲民,很大众呢?

所以,有道理的话不一定要说得山崩地裂。婉转亲和,同样可以掷地有声。真理如果裹上厚厚的外衣,大众触摸起来有困难,那么即便道理千真万确也很难深入人心。

## 10.11.2 喜听"好话",是人的天性

虽说"良药苦口利于病,忠言逆耳利于行。"但是多数人还是喜欢听好话的。趋利避害,追求舒适,是人的一大天性。

中国古代历史上,有多少敢于直言,敢于进谏的忠臣,最终因为话说得让皇帝老儿不高兴,落得个被发配边疆甚至要脑袋搬家的后果。

真正能说会道的高手,都会让听的人不知不觉、舒

舒服服地接受了他的观点。孟子见齐宣王，用的就是先说"好话"这一招：孟子说，你齐宣王有一回用一头羊去换一头要杀的牛，不理解的人，都说你小气。而我孟子知道你是因为不忍心。齐宣王一听，高兴了，忙引用《诗经》里的话"他人有心，予忖度之"，把孟子视为知己了。这样一来，孟子就有机会进一步交谈下去，让齐宣王接受自己的观点。

### 10.11.3 说话、写文章是一门学问，也是一门艺术

咱们写文章，当然首先要考虑信息的可靠、知识的正确、道理的科学和情感的真实，否则要么贻笑大方，要么误人子弟。所以，写文章首先是一门学问。要懂得写作的知识，同时要懂得其他学问。

另外，写文章也应该符合说话的艺术。文章是无声的话语，话语是有声的文字。让读者看起来舒服，读起来有味，不但对得起自己文章的内容，也是对读者花时间读文章最大的尊重。

文从字顺，语句通畅，这是说话写文章的基本要求。一些道理深奥的文章，其含金量很高，但因为读起来艰涩，不舒服，接受的人就很少。

有理有情,文句走心,这是说话写文章的较高要求。一些好的文章,读来就被深深吸引,让读者爱不释手,一定跟作者用心去表情达意密不可分。

　　文就是人,人即是文,这是说话写文章的更高要求。笔头落处,见人风格;话语出处,识人面貌。有风格有境界的文章,让人如见其人。这时他的个性便已经达到了可以让大众喜欢的程度。

　　读者从咱们的文章里读出山花烂漫,读出月光朗朗,读出茶香阵阵,读出会心的微笑……那时,咱们也是最美的!